노년의
편안한 임종을
관찰하다

노년의
편안한 임종을
관찰하다

 이명호 지음

"요양원에다 내팽개쳐 놓고…"

70대의 택시 운전사는 신호 대기 때문에 잠시 멈춰선 중에 "반려동물 등록"을 독려하는 현수막을 보고 '요새 세상에는 개가 사람보다 대접 받는 세상'이라고 한탄하였다. 젊은 사람들이 개는 애지중지 돌보면서 자신의 부모는 요양원에 내팽개쳐 놓는다고 말하고 동의를 구하는 듯하였다. 2016년에 발표된 한 논문[1])에 의하면 65세 이상 노인으로 노인요양시설에 입소한 경험이 없는 노인들은 노인요양시설을 '가고 싶지 않은 곳', '가야만 하는 곳', '갈 곳이 있어 그나마 다행인 곳'으로 인식하고 있다. 노인요양시설은 이처럼 노인들에게 '가족이 있는 집에서 삶을 마무리하고 싶지만 병수발을 해줄 사람이 없고 노인요양시설이나 자녀 외에는 별다른 대안이 없어서 자신의 의지와는 다르게 어쩔 수 없이 가야 하는 곳'이다. 사람들은 '노인요양시설 입소 혹은 자식과의 동거가 아닌 다른 형태의 삶을 선택하고 싶지만 별다른 대안이 없는 노인'들이 '정신 줄을 놓으면 보내지는 곳'을 노인요양시설이라고 생각한다.

노인요양원에 대한 또 다른 강력한 이미지는 노인요양원은 '죽어야만 나올 수 있는 수용소'라는 이미지이다. 그래서 일부에서는 노인요양

---

1) 김세영(2016). 「노인요양시설에 대한 한국노인의 인식」. 『지역사회간호학회지』 27(3).

원을 현대판 고려장이라고 한다. 어떤 기자는 노인요양원을 '죽어서 나오는 곳'이라 묘사하고 자신의 체험을 기사화하여 사회적 이슈가 되기도 하였다. 노인요양시설에 대한 언론보도들은 노인요양원은 '자식이 자신의 부모를 버리는 곳', '죽어야만 해방되는 수용소'라는 세간의 생각을 확인해 주는 역할을 한다. 그리고 사람들은 이 기사들을 통해 기존의 인식을 더욱 강화한다.

하지만 이런 선입견과 달리 노인요양원에서 죽음을 맞이하는 노인들은 별로 없다. 오히려 노인요양원은 '죽고 싶어도 죽을 수 없는 곳'이다. 노인요양원에서 생활하다가도 죽음에 가까워지면 퇴소를 권유받는다. 노인요양원은 '생활'을 하는 곳이기 때문이다. 죽음에 가까워지면 병원으로 가서 치료를 받거나 집으로 돌아가서 임종을 준비해야 한다. 일부는 호스피스 병동을 알아보지만 말기암 환자(혹은 말기 환자)가 아니라는 이유로 입원하지 못한다. 의학 기술의 발달과 수많은 임상 경험이 축적되어 죽음을 어느 정도 예측할 수 있는 시대가 되었다. 누군가에게 이 시대는 희망과 기대의 시간을 안겨 주었다. 하지만 정반대로 같은 이유로 인해 수많은 노인들은 죽을 곳을 찾아 난민처럼 떠도는 세상이 되었다. 죽음에 임박했지만, 한곳에 정착하지 못하

고 떠도는 노인에게서 삶의 질과 죽음의 질을 논하는 것은 이율배반
이다.

택시 안의 '나'는 박사학위논문 연구를 위해 1달간 참여관찰 했던 노
인요양시설에서 임종을 지켜보았던 어르신의 49재 참석을 위해 사찰에
가는 길이었다. 노인복지에 관심을 가진 이후 머리를 떠나지 않은 의구
심이 있었다. 한국의 노인들은 왜 가족들 곁이 아닌 병원의 중환자실이
나 일반병실에서 외롭게 죽음을 맞이하는가? 오랜 기간 생활하던 노인
요양원에서 임종을 맞이하면 되지 않을까? 노인요양원에서는 어르신들
의 일상생활을 지원한다면 그 마지막인 임종도 지원해야 하지 않을까?
잘 죽는 곳이 되면 되지 않을까?

노인요양원에서 생활하는 노인 증가

인구 고령화와 가족구조의 변화 등을 이유로 돌봄이 필요한 노인들
의 수가 증가하였고, 그에 대응하여 2008년 8월부터 노인장기요양보호
제도가 실시되고 있다. 정부와 관련 학계에서는 지역사회 돌봄
(community care)을 이상적인 대안(혹은 목표)으로 제시하고 있다. 하
지만 가족구조의 변화, 가족부양의식 약화 등의 이유에서 가족 내 돌봄
은 감소하고 있으며 공적 돌봄 서비스에 대한 욕구가 증가하고 있다.[2]
『2020년 노인실태조사』에 따르면 건강상태에 문제가 발생하여 거동이
불편하더라도 현재 살고 있는 집에서 계속 살고자 하는 욕구가 가장
크지만, 각종 서비스가 제공되는 시설 등에 들어가고 싶은 욕구도 큰
것으로 조사되었다. 거동이 불편해졌을 때 '재가서비스를 받으며 현재
살고 있는 집에서 계속 산다.'는 응답이 56.5%로 가장 높았다. 하지만

---

2) 보건복지부(2018). 「2018-2022 제2차 장기요양 기본계획」.

'돌봄, 식사, 생활편의 서비스 등이 제공되는 노인요양시설 등에 들어 간다.'는 응답도 31.3%로 비교적 높은 응답을 보였다.[3] 통계청 「사회 조사」에서 묻는 "부모님의 노후는 주로 누가 돌보아야 한다고 생각하 십니까?"라는 질문에 대한 응답에서도 노인 돌봄의 주체에 대한 인식 이 변화하고 있다는 사실을 확인할 수 있다. 부모 부양을 '가족'이 해야 한다는 응답은 2020년 22.0%로 조사되었다. 이 수치는 2002년 70.7%, 2008년 40.7%, 2016년 30.8%, 2018년 26.7%로 계속해서 감소하고 있다. 반대로 '가족과 더불어 정부·사회'가 책임져야 한다는 응답은 2020년 61.6%로 가장 높다. 2002년 18.2%, 2008년 43.6%, 2018년 48.3%로 계속해서 상승하고 있다. 노인 돌봄에서 공적 돌봄을 인정하 는 비율은 65.1%로 응답자의 절반을 넘는다.[4]

이러한 현실을 고려하면 당분간은 노인요양원(노인장기요양시설)에 서 생활하는 노인의 규모는 증가할 것으로 추측된다. 『2020 노인장기 요양보험통계연보』에 따르면 2020년 12월 기준으로 장기요양보험 인 정자 수는 857,984명이다. 등급 신청자와 인정자, 노인인구 대비 인정 률도 매년 증가하고 있다. 2020년도 급여실적으로 보면 노인요양시설 과 노인요양공동생활시설에서 생활하는 급여이용수급자는 224,775명 이었다. 급여제공기간(LTC providing institutions)은 노인요양시설 3,941개소, 노인요양공동생활가정은 2,092개소였다. 급여제공일수는 노인요양시설 55,973,616일, 노인요양공동생활가정은 5,470,724일로 조사되었다.[5] 노인요양원에 대한 부정적 선입견에도 불구하고 시설을 이용하는 노인들과 이용 일수는 늘고 있다. 보건복지부에서 2018년에

---

3) 한국보건사회연구원(2020). 『2020년 노인실태조사』. 573~577쪽.
4) 통계청. 「사회조사」 각 연도자료 참고.
5) 국민건강보험공단(2021). 『2020 노인장기요양보험통계연보』. 358~359쪽.

발표한 「제2차 장기요양 기본계획」에 의하면 장기요양 수급자는 지속적으로 확대될 것으로 예측되었다. 2017년 58만 명의 장기요양 수급자는 2022년에는 28만 명이 증가한 86만 명이 될 것으로 추계되었다. 또한 치매 등 상시적으로 요양 부담이 큰 노인들까지 수급대상으로 확대한다는 계획이다.[6]

<표 1> 장기요양 수급자 추계

	2013	2014	2015	2016	2017
장기요양 인정자 수(천 명)	378	424	468	520	585
65세 이상 중 비율(%)	6.11	6.57	6.96	7.49	8.00
	2018	2019	2020	2021	2022
장기요양 인정자 수(천 명)	644	699	754	809	864
65세 이상 중 비율(%)	8.7	9.09	9.28	9.47	9.63

자료: 보건복지부(2018.8.3.). 「2018-2022 제2차 장기요양 기본계획」

현 제도하에서 노인장기요양시설에는 장기요양등급 1·2등급 노인과 치매 노인들이 입소한다. 치매환자 등 극히 일부를 제외한 대부분은 말기 질환을 지니고 있다. 이들은 대부분 시설에서 장기간 생활하며 일부는 병원 이송과 재입소를 반복한다. 이러한 특성을 고려하면 노인장기요양시설 입소 노인들은 호스피스·완화의료 요구를 지니고 있다고 할 수 있다.[7] 실제 노인장기요양시설에 입소한 노인들은 임종 직전까지 시설에 거주하는 경우가 대부분이다. 이러한 현실을 고려하면 노인요양원은 죽어야만 떠날 수 있는 곳이 아니라, 잘 죽을 수 있는 곳이 되어야 한다.

---

6) 보건복지부(2018.8.3.). 「2018-2022 제2차 장기요양 기본계획」. 11쪽.
7) 최정수·이은경·한은정·황나미·강아람·최성은(2015). 『호스피스 완화의료 활성화방안: 노인장기요양서비스 이용자를 중심으로』. 세종: 한국보건사회연구원. 131쪽.

이 책은 이러한 의문을 풀기 위한 노력의 결과이다. 한 노인요양시설에서 1달간 참여관찰을 진행하였고 참여관찰을 하면서 만난 많은 사람들과 이야기를 나누었다. 그리고 그 과정에서 2-3차례의 임종을 가족들과 함께하였다. 임종을 함께했던 분의 49재에도 함께하였고 이야기를 나누었다. 그러면서 의문에 스스로 답을 할 수 있었다. 의문에 대한 답은 2019년에 박사학위논문으로 발표하였다. 이후 2년여의 세월이 흘렀고, 노년의 죽음에 조금이라도 기여를 하기 위해서는 좀 더 많은 사람들에게 알려야 한다는 생각에 논문을 재구성하였다.

마지막으로 연구를 허락한 B노인요양원과 관계자, 그리고 연구에 참여한 연구참여자들께 감사의 인사를 전합니다. 또한 연구기간 동안 임종을 맞이하신 어르신들의 극락왕생을 발원합니다. 어르신들과의 만남으로 저는 한층 더 성숙해졌습니다. 감사합니다.

하나, 이 책은 저자의 박사학위논문 「노인장기요양시설의 임종 돌봄 서비스에 관한 질적 사례연구」(2020)를 독자들이 읽기 편하도록 수정하고 재구성한 글이다.

둘, 연구를 위해 기관의 생명윤리위원회의 심의를 받았고, 연구에 참여한 연구참여자들에게는 동의서를 받았다. 연구의 진행 전에 동신대학교의 연구윤리위원회(IRB) 심의와 승인을 받았다(IRB 승인번호: 201907-SB-033).

용어 정의

임종과 임종 과정, 생애말기

'임종(臨終)'에는 두 가지 뜻이 있다. 기본적인 의미는 '목숨이 끊어져서 죽음에 이름 또는 그 때'이다. 이러한 의미에서 임종 과정은 죽음에 이르는 과정이다. 「연명의료결정법」에서 '임종 과정'은 회생의 가능성이 없고 치료에도 불구하고 회복되지 않으며, 급속도로 증상이 악화하여 사망이 임박한 상태로 규정하고 있다.

이 책에서는 1-2일 후에 사망할 것으로 예측되는 경우를 임종 과정에 접어든 것으로 정의한다. 특히 임종이 과정으로 이루어진다는 점에 주목하여 임종 과정이라고 칭하였다. 또한 임종에 접어든, 즉 임박한 시점에 죽음을 앞둔 사람을 임종자로 표현한다. 책에서는 문맥에 따라 임종 노인, 임종 어르신, 임종 당사자라는 표현을 혼용한다. 임종은 또한 '부모가 운명할 때 그 자리를 지키고 모시는 것'을 뜻하기도 한다. 그래서 책에서는 임종 당사자가 숨을 거두어 죽음에 이를 때 곁에서 지켜보는 행위를 '임종 지키기'로 명명하였다.

임종 과정(혹은 임종기)과 비슷한 의미로 '생애말기'라는 개념도 있다. 두 개념 모두 질환에 대한 의료적 조치에도 불구하고 회복 가능성이 없는 상태를 의미한다. 차이는 죽음에 이르는 기간이다. 생애말기는 임종 과정보다 긴 수개월을 상정하고 있다. 즉, '생애말기'는 적극적인 치료에도 불구하고 근원적인 회복의 가능성이 없고 점차 증상이 악화하여 수개월 이내에 사망할 것으로 예상되는 경우이다.

임종 돌봄과 호스피스

이 책에서 '임종 돌봄'은 임종 과정에 접어든 당사자와 그 가족에게 제공되는 돌봄 서비스를 의미한다. 통증 관리와 신체적·정서적·영적 지지 서비스를 통해 임종 당사자와 그 가족이 인간의 존엄성을 유지하고 편안한 상태에서 임종을 맞이하도록 돕는 것이 임종 돌봄의 목적이다. 노인장기요양시설에서 실천하는 임종 돌봄 서비스에는 생활지원 서비스도 포함된다.

'호스피스'는 '임종 돌봄'을 포함하는 개념으로 생애말기에 접어든 당사자와 그 가족들이 겪는 신체적·정신적·사회적·영적 문제를 포함한 제반 문제들을 돕기 위한 돌봄을 뜻한다. 호스피스 서비스는 서비스 대상자가 생애말기에 접어들면 시작된다. 대상자가 사망하기 이전에는 대상자의 통증 관리와 정서적·사회적·영적 돌봄이 대상자와 그 가족을 대상으로 제공된다. 임종 당사자가 사망한 이후에는 사별가족 대상 상담과 지지 서비스가 제공된다. 정리하면 호스피스는 생애말기에 접어든 말기 질환자와 그 가족을 대상으로 사망을 전후하여 제공되며 사별가족 대상 돌봄까지 포함하는 개념이다. 이에 대해 임종 돌봄은 임종 과정에 접어든 이후 시작되어 사망으로 마무리되는 제한된 시기에 제공되는 돌봄이다.

노인장기요양시설

이 책에서 지칭하는 '노인장기요양시설'은 「노인장기요양보험법」(법률 제8403호, 제정 2007.4.27.)에 의해 장기요양급여수급자에게 장기요양급여를 제공하는 기관 중에서 '시설급여를 제공하는 입소 정원이 10명 이상인 노인요양시설'만을 의미하고, 일반적으로 사용하는 '노인요양원'으로 기술하기도 하였다. 또한 '시설'은 노인장기요양시설을 뜻하고 '시설임종'은 노인장기요양시설(노인요양원) 내에서 이루어진 임종의 의미로 사용한다.

목차

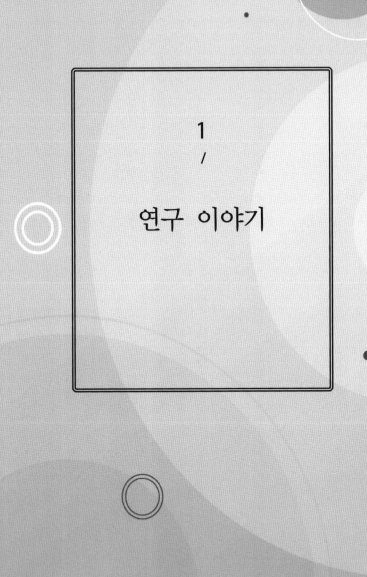

1

연구 이야기

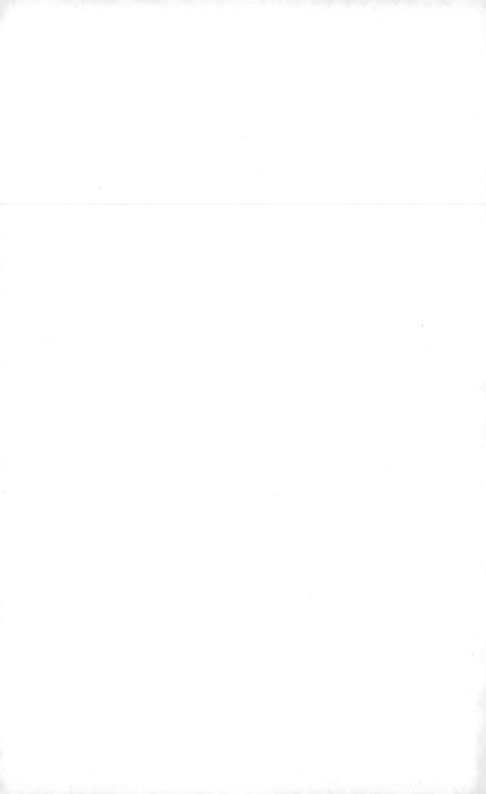

노년기와 죽음

죽음은 모든 사람에게 보편적이다. 하지만 사람들은 자신이 처해 있는 상황에 따라 죽음을 다르게 인식하며, 죽음에 대처하는 방식도 다르다. 사람은 출생에서 죽음에 이르기까지 여러 발달단계를 거치고 그 흐름 속에서 사회문화적 요소와 상호작용한다. 이러한 이유에서 죽음과 관련되어서도 생애주기별 특성에 따른 이해가 필요하다.

의료기술, 특히 진단기술의 발달로 인해 질환이 조기에 발견되는 경우에는 완치 비율이 높다. 그렇기 때문에 노년기 이전에는 질환에 의해 사망에 이르는 경우보다 사고에 의한 사망이 더 많다. 사망원인통계를 살펴보면 60세 이전 연령대에서는 자살이나 운수사고가 차지하는 비율이 높다.[8] 이러한 이유에서 노년기 이전의 죽음은 매우 이례적이며 예상하지 못한 죽음으로 받아들여진다.

반면에 노년기에는 암성 질환과 만성 질환에 의한 죽음의 비율이 높고, 사망자 수와 조사망률 모두 이전 연령대보다 높다.[9] 이러한 측면에서 노년기는 다른 시기보다 '죽음'에 가까운 시기로 이해된다. 노년기에는 배우자의 상실, 형제자매의 죽음을 경험할 가능성이 높고 자신의

---

8) 통계청(2019b). 「2019 고령자 통계」.
9) 통계청(2019b). 「2019 고령자 통계」.

죽음에 대해 생각하기도 한다. 나이가 증가할수록 건강 상태가 약화되고, 돌봄의 필요성이 높아지면서 죽음을 생각하는 빈도는 더욱 증가한다. 노년기가 연장되면서 죽음을 가시적으로 느끼며 생활하는 기간도 확대되고 있다.[10)

노인요양시설에서의 임종 관찰을 위한 연구방법 선택, 질적 사례연구

이 책의 주제인 노인요양시설에서의 임종과 임종 돌봄 서비스는 새로운 이해와 해석이 필요한 사회현상이며 아직은 일반적이지 않은 현상이라고 나는 판단하였다. 그러므로 탐색적 차원에서 실천현장에서 실제로 이루어지고 있는 일들을 관찰하고 이해하는 것이 우선이라고 생각하였다. 또한 이 주제는 제도에 의해 규제되는 영역이다. 이러한 측면에서 '노인요양원에서의 시설임종'은 외부와 구분되는 경계(bounded system)를 가지고 있으며 나름의 특성과 활동양식을 가지는 하나의 체계로 이해할 수 있다. 이러한 연구주제의 성격을 고려하여 나는 질적 사례연구에 주목하였다.

노인장기요양보험제도에 근거해서 운영되는 노인장기요양시설에서 보호자들의 선택에 의한 시설임종과 해당 임종을 위해 제공되는 돌봄 서비스는 외부 환경과 구분되는 분명한 경계를 지니고 있다. 질적 사례연구는 기본적으로 가설 검증이나 새로운 이론 생성에 관심을 두지 않고 현상에서의 통찰이나 발견, 혹은 해석에 관심을 가질 때 실시하는 연구방법이다.[11) 인(Yin)도 사례연구를 '어떻게(how)' 또는 '왜(why)'에 대한 해답을 중점적으로 찾고자 할 경우에 매우 효과적인 연구방법이

---

10) 정경희·서제희·이선희(2018). 『웰다잉(Well-dying)을 위한 제도적 기반 마련 방안-총괄 보고서』. 세종: 한국보건사회연구원.
11) 고미영(2013). 『질적사례연구』. 청목출판사. 24쪽.

라 소개하고 있다.[12] 나는 시설임종이 가능하고 임종 돌봄을 제공하고 있는 노인요양원에서 '어떻게' 임종 돌봄 서비스를 제공하고 있는지를 분석·정리하고, '왜' 임종 돌봄 서비스를 제공하고 있는지, 그리고 '왜' 시설임종을 선택하였는지도 함께 분석하였다.

사례 노인요양원 선정 과정

죽음과 임종은 과정이다. 이러한 관점에서 노인요양원에서의 시설임종도 입소 과정과 돌봄 및 생활, 노쇠 혹은 건강 악화, 말기, 임종 과정, 임종, 사후처리 과정에 이르기까지 여러 과정을 총체적(혹은 서사적) 관점에서 분석해야 한다. 나는 질적 사례연구를 활용하여 입소 때부터 임종에 이르는 전 과정을 총체적 관점에서 관찰하고 관련 자료를 수집·분석하였다.

사례연구에서는 연구자의 관심과 문제의식을 충족시켜 줄 수 있는 사례 선정이 중요하다. 연구자의 연구 관심을 충족시키고 연구 질문에 답을 할 수 있는 사례는 시설 내에서 임종이 공식적으로 이루어지고 임종 돌봄 서비스가 제공되고 있는 노인요양원이다. 연구를 위한 시설의 허락과 시설 종사자의 동의도 가능한 곳이라는 기준도 중요하다. 시설에서 '임종' 상황이 발생할 가능성을 고려하면 입소노인이 많은 대규모 요양원이 더 적합하다. 또한 임종 돌봄은 보호자의 허락과 동의 없이는 참여관찰이 불가능하며 노인요양원의 특성상 보호자와 라포를 형성하기도 어렵다. 이를 고려하면 보호자의 동의를 구하기 쉬운 시설에서 관련된 역할을 수행할 수 있는 곳이어야 한다. 이러한 조건에 부합하는 노인요양원은 많지 않다.

---

12) Yin, R. K.(2014). 신경식·서아영·송민채 역. 『Case Study Research: Design and Methodes (사례연구방법)』. 한경사.

사례 선정기준에 적합한 노인요양원을 나는 예비조사 과정에서 찾을 수 있었다. 연구주제로 '노인요양원에서의 시설임종'을 결정하고 연구방법과 연구 질문을 보다 구체화하기 위해 나는 지인들로부터 소개받은 노인요양원 관계자들을 대상으로 예비조사를 진행하였다.

예비조사를 진행한 다섯 곳의 노인요양원 모두 주보호자와의 상담을 통해 응급상황 발생 시에 시설에서 취하는 행동과 절차를 미리 정해놓고 있었다. 보호자는 이송할 병원을 결정하고 심폐소생술 등과 같은 연명치료의 실시 여부에 관해서도 결정하였다. 임종 징후가 발견되면 노인요양원 대부분은 병원 이송을 원칙으로 하고 있었다. 입소노인의 보호자가 요청할 경우에는 '어쩔 수 없이' 혹은 '마지못해서' 시설 내에서 임종하도록 허용하는 곳도 있었다. 예비조사를 진행한 노인요양원 중에는 보호자가 시설임종과 병원 이송 중에서 하나를 선택하는 노인요양원도 있었다.

예비조사 중에 시설임종이 이루어지고 있는 시설의 시설장이 시설에서 실행하는 임종 돌봄 서비스와 임종 징후에 관해 설명하면서 관련 주제를 정리하고 이해하기 위해서는 '심층면담'만으로는 부족하다며 실습을 통한 참여관찰을 제안하였다. 시설장에게 실습 제안을 받은 후 연구방법으로 질적 사례연구를 결정하고 그 뜻을 시설에 전달하였다. 시설에 연구주제와 연구방법을 더욱 명확하게 전달하기 위해 나는 박사학위논문 연구계획서와 이력서 등을 전달하였다. 이후 시설에서 연구를 허락하였고 참여관찰 등에 대한 구체적인 연구방법을 논의하였다.

■ 참여관찰을 위해 노인요양원의 특성을 고려하다

참여관찰은 사례연구에서 필요에 따라 다양한 역할을 수행하고 사건에 실제적으로 참여하는 것을 뜻한다. 사례연구 대상이 되는 현장에 직접 거주하거나 조직에서 일반 구성원으로서 역할을 담당하는 것이 그 예이다. 그런데 노인요양원에서의 참여관찰을 위해 연구자인 내가 선택할 수 있는 역할은 매우 제한적이었다. 노인요양원 종사자로서 완전한 참여자가 될 수는 없었다.

노인요양원에서 수행하는 역할은 크게 사무 인력, 간호 및 요양 인력, 시설 관리 등 세 가지로 정리할 수 있다. 임종 돌봄 서비스를 비롯하여 노인요양원에서 제공하는 다양한 서비스는 주로 요양보호사나 간호(조무)사가 제공한다. 이 두 직종의 역할을 수행하기 위해서는 자격증이 필요하다. B노인요양원은 간호(조무)사들이 근무하는 간호실과 요양실이 분리되어 있었다. 간호(조무)사들은 각 층의 간호실에서 위치하며 시설의 의료서비스를 담당한다. 일정한 주기로 순회하며 어르신의 건강 상태를 체크하고 필요한 의료서비스를 제공한다. 요양보호사의 요청이 있으면 이에 대처할 수 있도록 대기한다. 이 외에도 간호(조무)사는 입소노인들의 병원 입·퇴원 및 외진, 보호자 면회 등 다양한 업무를 담당한다. 이러한 이유에서 입소노인과의 접촉 정도와 밀도는 요양보호사에 비해 낮다. 이에 반해 요양보호사는 대부분의 근무 시간을 요양실에서 입소노인과 함께 지낸다. 요양보호사 1명이 8명을 담당한다.[13] 이들은 기본적인 일상생활 돌봄을 제공하고 관찰을 통해 어르신의 건강 및 정서 상태를 확인하고 이를 기록·보고하는 역할도 담당한다.

---

13) 현행 법률에는 노인 2.5명당 요양보호사 1명으로 규정되어 있다. 하지만 이는 명목상의 비율에 불과하다. 주간·야간 교대와 연차 사용 등을 고려하면 실제 현장에서는 1명의 요양보호사가 8명의 입소노인을 담당하게 된다. 1명이 8명을 담당하는 B노인요양원과 달리 2명의 요양보호사들이 16명의 입소노인을 담당하는 근무형태도 있다.

나에게는 임종 돌봄이 참여관찰 기간에 관찰해야 하는 주된 대상이었지만 임종 돌봄을 보다 잘 이해하기 위해서는 노인장기요양보호라는 제도와 시설 종사자들, 보호자를 포괄하는 총체적인 맥락 속에 임종 돌봄을 위치시킬 수 있어야 했다. 임종 상황과 임종 돌봄 서비스를 이해하기 위해 관련 지식을 확인하고 습득하는 준비 과정이 필요하였다. 또한 임종 상황은 노인요양원에서도 빈번하게 발생하는 일이 아니다. 이러한 점들을 고려하여 나는 주로 요양실에 배치되어 참여관찰을 실시하였다. 요양실에 배치되어 참여관찰을 통해 입소노인과 요양보호사의 생활을 이해할 수 있었고 요양보호사를 통해 입소노인과 가족에 대해 구체적이고 풍부한 내용을 얻을 수 있었다.

이러한 과정에서 내가 요양보호사들과 동일한 시간을 시설에서 머물면서 참여관찰을 진행한 것이 큰 도움이 되었다. B노인요양원은 대형시설이라는 특성 때문인지 평상시에도 외부 인력이 많았다. 사회복지사와 요양보호사 자격증 취득을 위한 실습도 이루어지고, 청소년과 일반 자원봉사자 등이 시설에서 봉사활동을 하였다. 시설에서는 사회복무요원과 사회봉사명령을 이행하는 사람들도 있었다. 시설에서는 이들을 '외부 인력'으로 관리하고 있었다. 일부 요양보호사들은 외부 인력이 실제 업무에 큰 도움은 되지 않는다고 하였다. 입소노인과 외부 인력 사이에 이루어지는 상호작용이 나쁜 영향을 주는 경우도 있어서 외부 인력이 무조건 반가운 존재는 아니라는 것이었다. 외부 인력 중에서 요양보호사 실습생들은 요양실에 배치되어 80시간 동안 실습한다. 이때 요양보호사들은 요양실에 배치된 매뉴얼에 따라 실습교육도 진행하였다. 원장실 앞 게시판에는 실습생을 위한 요양보호사들의 협조를 구하는 메모가 부착되어 있었다.

외부 인력과 시설 종사자들은 옷차림과 근무 시간에서도 구분된다.

실습생들은 앞치마를, 자원봉사자들은 조끼를 착용하였고 청소년들은 대부분 교복을 입고 시설에서 봉사활동을 하였다. 하지만 나에게는 이러한 옷차림이 요구되지 않았다. 시설에서 요구받은 단 하나는 시설에서 근무할 때는 슬리퍼를 신는 것뿐이었다. 또한 실습생들을 포함한 외부 인력들은 오전 9시부터 오후 5시까지 시설에서 머물렀지만 나는 요양보호사와 동일한 시간을 시설에서 함께하였고 야간에도 관찰을 진행하였다. 참여관찰 초기에는 실습생들이 퇴근하는 시간에도 시설에 머물고 있는 나를 보며 의아해하는 요양보호사들도 있었고 언제 퇴근하는지 물어보기도 하였다. 야간근무(19시~다음날 8시)를 마치고 교대를 준비하고 있는 동료들과 함께 있는 나에게 놀라움을 표하기도 하였다. 이로 인해 연구를 위해 참여관찰을 진행하고 있는 나는 실습생과는 다른 존재로 인식되었고 이는 연구에 긍정적으로 작용하였다. 참여관찰 횟수가 늘어나면서 나에 대한 경계도 줄어들었고 보다 자연스러운 대화도 가능해졌다. 이러한 노력이 참여관찰에 대한 호의적인 반응을 끌어냈고 심층면담에도 도움을 주었다.

참여관찰 일정

B노인요양원은 처음에 나에게 참여관찰 2주간(주간 1주, 야간 1주)을 제안하였다. 나는 참여관찰 기간으로 2주는 짧다고 생각하여 시설의 동의를 얻어 기간을 1달로 확장하였다. 5주 동안 주간-야간-주간-야간-주간 순으로 관찰하기로 하였고, 시설장은 내가 매일 관찰하는 것은 체력적으로 힘들 것이라며 주 2-3일 일정을 제안하였다.

B노인요양원에서 총 19회 참여관찰 하였고, 참여관찰 장소는 주로 요양실과 간호실이었다. 시설장이 보호자와 진행하는 상담에는 2차례

참여하였다. 본 논문의 핵심 주제인 임종 돌봄 서비스에는 2차례 참여 관찰 하였다. 시설행사에는 3차례(종교 프로그램 2회, 직원 단합대회) 참여하였다. 나는 노인요양원의 일상적인 생활에 참여하면서 기본적인 것들을 공유하였고 시설의 대소사에도 참여하였다. 이를 통해 나는 시설임종과 임종 돌봄이라는 연구주제를 노인장기요양보호와 노인 돌봄이라는 총체적 맥락 속에 위치시킬 수 있었고 다양한 자료를 수집하였다.

연구설계 당시 참여관찰 현장은 B노인요양원만을 생각하였다. 하지만 시설장과의 면담 과정에서 시설장이 시설에서 임종한 어르신들의 사후의례에 참여한다는 사실을 확인하였다. 시설장은 시설에서 임종한 어르신 중에서 불교식 사후의례인 49재를 지내는 경우, 서울에서 열리는 사후의례에는 모두 참석하고 지역에서 열릴 때는 초재, 3재, 5재, 막재에 참석하는 것을 원칙으로 하고 있었다. 시설장의 사후의례 참여는 사별가족 지지(돌봄)의 효과가 있다고 판단되었다. 시설장은 '임종 돌봄'의 이해를 위해서는 사후의례 참여가 필요하다며 참석을 권유했고, 나도 시설장과 함께 사후의례에 참석하기로 하였다. 사별가족과의 신뢰관계 형성을 위해서 사후의례 참여가 필요하다는 생각도 있었다. 초기에는 이처럼 '도구'의 관점에서 사후의례 참여를 생각하였다. 하지만 임종 돌봄에 참여한 이후에는 '목적'으로 전환되었다. 누군가의 임종을 지켜보고 임종 의례에 참여하면서, '연구대상'의 측면에서만 어르신들을 대할 수 없었다. 나의 논문이 누군가의 죽음에 기대고 있다는 점에서 연구 기회를 제공한 어르신에게 예(禮)와 정성을 다해야 한다는 생각이 들었다. 더욱이 처음 참석한 사후의례에서 시설장을 대하는 사별가족의 태도와 표정을 보고 이러한 생각은 더욱 뚜렷해졌다. 그래서 시설장이 세운 원칙처럼 나도 임종 돌봄에 참여한 어르신들의 사후의례에 참석하였다. 사후의례에는 총 10회 참여하였다.

참여관찰 기록과 정리

참여관찰은 주로 요양실에서 진행되었다. 요양실에서 참여관찰을 진행할 때는 노인요양원의 일반적인 맥락과 임종 돌봄 서비스를 이해하기 위해 노력하였다. 참여관찰 중에 접촉하는 요양보호사와 간호(조무)사들과 대화하면서 임종 돌봄에 대한 이들의 경험과 인식, 태도를 확인하였고, 시설에서 제공하는 임종 돌봄 서비스에 대한 내용도 수집하였다. 임종 돌봄 서비스에 2차례 참여하면서 관찰한 내용과 면담을 통해 수집하고 정리한 서비스 내용을 비교하면서 정리하였다.

참여관찰에서 수집된 내용을 분석하기 위해서는 기록이 중요하다. 나는 기록을 위해 현장노트와 면담기록지로 구성된 「현장노트/면담」을 제본하여 활용하였다. 참여관찰 현장에 연구자의 몫으로 고정된 공간이 마련되지 않았을 것이라 예상하였고 여러 사람이 활동하는 공개된 장소이기 때문에 내 소유로 인식되는 노트가 필요하다고 생각하였다.

현장노트는 질적 연구의 일반적인 형식을 활용하여 상단에는 일시, 장소, 연구참여자를 기입하는 공간을 두었다. 상단 아래부터는 시간과 현장관찰기록, 느낌과 생각을 기입할 수 있도록 구성하였다. 면담기록지에는 인터뷰 일시, 장소, 인구학적 특성을 기입하는 페이지와 질문 및 답을 기록하는 페이지로 구성하였다. 참여관찰 시작 전에 현장노트 100쪽과 면담기록지 50쪽을 제본하여 준비하였고 노트 표지에 「현장노트/면담」이라고 제목을 붙였다. 참여관찰 기간 중에 처음에 제본한 현장노트를 모두 사용하여 1권을 더 제본(현장노트 52쪽과 면담기록지 60쪽)하였다. 나는 「현장노트/면담」을 활용하여 참여관찰 상황과 연구

참여자와의 대화, 생각, 느낌 등을 기록하였다. 「현장노트/면담」 1권에는 1일 차부터 15일 차까지의 관찰, 월례법회, 일요법회, 입소상담, 임종 돌봄, 10주년 직원 단합대회, 지장법회, 심층면담 등에 대한 기록이 담겨 있다. 「현장노트/면담」 2권에는 16일 차부터 28일 차까지의 관찰, 임종 돌봄, 임종 돌봄 상담, 사후의례 참석 등을 기록하였다. 수기로 기록된 현장노트와 면담기록지는 워드 프로그램을 활용하여 전사(轉寫)하여 분석에 활용하였다. 전사할 때는 현장노트 등에 기록된 개인정보는 약호로 기록하여 외부로 유출되지 않도록 하였다. 요양실 내부에는 예상과 달리 내가 이용할 수 있는 책상과 의자가 구비되어 있어서 현장노트를 기록하기에 좋은 환경이었다. 또한 일과 중에는 요양보호사들이 간병일지와 투약일지를 작성하는 시간이 있었다. 이 시간은 나에게 생각을 정리하고 기록할 수 있는 여유를 주었다.

■ 돌봄 종사자 및 가족들과 대화하다

심층면담

질적 연구에서 심층면담은 연구참여자의 생생한 경험과 목소리를 드러내는 유용한 방법으로 알려져 있으며 연구참여자의 행위에 담긴 의미를 이해할 수 있는 통로가 된다. 심층면담을 위해서는 연구참여자와 라포, 즉 상호 신뢰관계가 형성되어야 한다.

연구설계 단계에서부터 심층면담을 고려하였고 면담대상자는 연구 질문에 따라 두 집단으로 구분하였다. 연구참여자 유형별 질문은 <표 2>와 같다. 첫 번째 집단은 시설의 돌봄 종사자들이다. B노인요양원에서 제공하는 임종 돌봄 서비스에 대한 인식과 의미를 확인하고 분석하기 위해 시설의 돌봄 종사자 중에서 관련 지식과 경험이 많아 깊이 있는 정보를 제공할 것으로 예측되는 대상자를 선정하였다. 이들은 연구 주제에 대한 이해도가 높으며 임종 돌봄 서비스에 대한 자긍심이 있어서 심층면담에 적극적으로 참여하였다. 이들과의 심층면담은 특정한 임종과 임종 돌봄을 주제로 진행되거나 임종 돌봄 서비스에 대한 경험과 생각을 주제로 이루어졌다. 나는 시설 종사자와의 면담을 사전에 준비한 질문지에 의존하지 않고 현장에서 오고 가는 내용에 집중하며 진행하였다. 면담 내용 중에 궁금한 내용은 바로 질문하였고 돌봄 종사자는 답을 하였다. 질문과 답이 여러 차례 오고 가면서 보다 구체적인 내용을 확인할 수 있었다.

〈표 2〉 연구참여자 유형별 질문 내용

연구참여자 유형	질문 내용
시설 돌봄 종사자	임종과 임종 돌봄 서비스 관련 구체적인 경험
	시설에서 제공하는 임종 돌봄 서비스 절차와 방법
	시설임종과 임종 돌봄에 대한 인식과 견해
	임종 돌봄 시 보호자들과의 관계 및 보호자들의 태도
보호자	시설 선택 이유
	입소 어르신의 입소 과정과 시설에서의 생활
	임종과 임종 돌봄 서비스 경험
	임종 돌봄 서비스에 대한 생각과 평가

두 번째 심층면담 대상은 시설임종과 시설의 임종 돌봄 서비스를 경험한 보호자들이다. 이들을 대상으로 임종 돌봄 서비스에 대한 인식과 의미, 경험을 확인하고 의미를 드러내고자 하였다. 보호자 심층면담 주제는 B노인요양원 입소 과정에서 시작하여 임종 경험에서 마무리되었다. B노인요양원을 선택한 배경과 이유를 질문하였고, B노인요양원에서 임종 돌봄 서비스가 제공되는지를 입소 전에 알고 있었는지도 확인

하였다. 그리고 시설임종을 선택한 이유도 물었다. 또한 임종과 임종 돌봄은 어떤 경험이었는지, 이용자로서 어떤 평가를 할 수 있는지를 질문하였다. 마지막으로 B노인요양원에서 경험한 임종에 대한 느낌은 어떠했는지도 질문하였다.

노인요양원 돌봄 종사자 5명, 보호자 가족(지인 포함) 3명과 심층면담을 진행하였다(<표 3> 참고). 요양보호사와 심층면담은 2차례 시도하였다. 이 중 1명은 심층면담을 진행하였지만 녹음과 논문 인용을 거부하였다. 또 다른 1명은 연구참여와 논문 인용에는 동의하였지만 녹음은 거부하였다. 심층면담은 대부분 60여 분 동안 진행되었다. 대부분의 심층면담은 녹음하였지만 녹음하지 못한 경우도 있었다. 녹음 자료는 녹취록을 작성하여 분석에 활용하였다. 녹음하지 못한 심층면담은 기억과 메모를 활용하여 면담기록지를 작성하고 이를 분석하였다.

〈표 3〉 심층면담 대상자

구분	연번	전문성/유형	나이	성별	면담 횟수
시설 돌봄 종사자	A-1	시설장(간호사)	68	여	4회
	A-2	상임이사(한의사)	68	여	1회
	A-3	간호과장(간호사)	65	여	1회
	A-4	간호팀장(간호조무사)	62	여	2회
	B-12	요양보호사	71	남	1회
보호자 가족	D-1	A어르신 보호자	39	남	1회
	D-2	A어르신 지인	66	남	1회
	D-3	B어르신 보호자	67	여	1회

시설장과 심층면담은 총 4회 진행하였다. 예비조사를 위한 면담 1회와 임종 돌봄 서비스 설명을 위한 면담 1회, 실제 임종 사례 설명을 위한 면담 2회가 진행되었다. 임종 사례 설명을 위한 면담은 시설장이 요

청하여 진행하였고 나머지 심층면담은 나의 요청에 따른 것이다. 시설장을 제외한 나머지 시설 종사자들과 심층면담은 참여관찰 기간 중에 내가 개인적으로 심층면담을 요청하여 진행하였다.

상임이사는 임종 돌봄 서비스와 관련된 중요한 연구참여자이다. B노인요양원이 소속된 사회복지법인의 상임이사로 재직하고 있으며, B노인요양원 이전 유료노인요양원의 관장을 지내서 시설에서는 '관장스님'으로 불리고 있다. 노인복지 분야에서 20년 이상 활동하고 있으며 현재 한의원을 운영하고 있다. 시설의 촉탁의로 어르신 대상으로 매주 한방진료를 하고 있다. 또한 상임이사는 승려이기도 해서 시설의 주요 종교 프로그램을 주관하고 있다.

간호과장도 임종 관련 경험이 많기 때문에 임종과 죽음에 대한 관심이 컸다. 군 간호장교로 5년 근무하고 제대 이후 내과 병동에서 10년 근무하면서 임종 관련 업무를 담당하였기에 다수의 임종 환자를 경험하였다. 이전 시설 경력까지 포함하면 현재 B노인요양원에서는 14년째 근무하고 있다.

간호팀장은 이력이 좀 특이했다. 대학에서 사학을 전공하였지만 2000년대 초반 B노인요양원 이전 시설에서 간병인으로 2년 정도 근무하였다. 시설 퇴사 이후 간호조무사 자격증을 취득하였고 재입사하였다. B노인요양원에서는 2010년부터 근무하기 시작하였고 현재는 특별거실이 있는 층에서 근무하고 있다. 시설장은 간호팀장이 임종 관련 업무일을 잘하고 관심도 있다고 소개하였다. 심층면담에서도 자신이 간병인 시절부터 임종 돌봄 관련 일을 담당했는데 신기할 정도로 일이 무섭지 않았다고 하였다.

일상 대화

B노인요양원 참여관찰 시 돌봄 종사자들과 자유롭게 대화를 나눌 수 있었다. 앞서 정리한 심층면담 참여자들을 포함해서 총 22명의 돌봄 종사자들과 대화를 나누었다(자세한 내용은 <표 4> 참고).

시설장, 간호과장, 간호팀장과는 참여관찰 기간 수차례 자유롭게 대화를 나누었다. 특히 시설장과 자주 대화하였다. 시설에서 관찰하는 날에는 시설 출입을 확인하는 과정에서 많은 이야기를 나누었다. 시설에서는 승강기만 이용할 수 있어서 승강기 이용을 위한 대기 시간이 길었다. 긴 승강기 대기 시간은 시설장과 대화를 갖는 데 도움이 되었다. 또한 사후의례 참석을 위해 이동하는 시간에도 여러 주제의 이야기를 나누었다. 이때의 대화가 계기가 되어 마지막 주 관찰 장소와 관찰 시간이 변경되었다. 무엇보다 마지막 주 참여관찰 경험은 연구에 큰 도움을 주었다.

간호과장 및 간호팀장과도 자주 이야기를 나누었다. 특히 간호팀장과는 임종 돌봄 서비스 참관 이후에 별도로 이야기를 나누기도 하였다. 간호과장은 참여관찰 초기에 입소노인들의 임상적 특징과 노인요양원의 특성에 대해서 나에게 자세하게 설명하였다. 당시에 노인요양원에 대한 비판적 기사가 사회적 이슈로 회자되던 시기여서 간호과장은 적극적으로 설명해 주었다.[14]

참여관찰 중 만난 돌봄 종사자들은 시설의 임종 돌봄 서비스를 긍정

---

14) 간호과장은 현재 노인요양원이 비판받을 점이 분명이 있으며 개선해야 할 점도 있다는 것에 대해 동의하였다. 비판을 통해 노인요양원이 보다 나아질 것이라는 기대도 하였다. 하지만 노인요양원을 '수용소'로 묘사한 것에 대해서는 비판적이었다. 장기요양등급을 받은 노인들의 특징과 24시간 여러 사람이 함께 거주하는 생활시설의 특성에 대한 정확한 이해 없이 해당 기자가 1달 동안의 체험만으로 노인요양시설 전체를 비판적으로만 묘사하고 있다고 하였다. 그러면서 나에게는 노인요양원의 다양한 측면들을 종합적으로 검토해 줄 것을 요청하였다.

적으로 생각하고 있어서 호의적인 태도로 대화에 임하였다. 나는 시설 종사자들과 대화할 때 연구주제와 관련된 질문을 주로 하였다. 구체적 으로 서술하면 시설에서 입소노인의 죽음을 경험한 적이 있는지, 시설 의 임종 돌봄 서비스의 절차는 어떠한지, 임종 돌봄 서비스에서 어떤 역할을 담당하고 있는지, 임종 돌봄 서비스에 대해 어떻게 생각하고 있 는지를 질문하였다.

〈표 4〉 일상 대화 대상자

연번	직책(직종)	성별	나이	경력	비고
A-1	시설장	여	68세	40년, 시설 경력 10년	간호사
A-2	상임이사	여	68세	30년 이상, 시설 경력 10년	한의사 / 사회복지사 / 승려
A-3	간호과장	여	65세	30년 이상, 시설 경력 10년	간호사
A-4	간호팀장	여	62세	시설 경력 7-8년	간호조무사
B-1	요양보호사	여	60대	12년, 시설 경력 10년	치매교육 수료
B-2	요양보호사	여	60대	13년, 시설 경력 10년	치매교육 수료
B-3	요양보호사	여	60대	10년, 시설 경력 10년	치매교육 수료
B-4	요양보호사	여	60대	10년, 시설 경력 10년	치매교육 수료
B-5	요양보호사	남	60대	9년	치매교육 수료 / 사회복지사
B-6	요양보호사	여	60대	–	치매교육 수료
B-7	요양보호사	여	60대	10년, 시설경력 10년	
B-8	요양보호사	남	60대	5년	
B-9	요양보호사	여	60대	3년	
B-10	요양보호사	여	60대	3년	
B-11	요양보호사	여	60대	1년	
B-12	요양보호사	남	71세	시설경력 5년	
B-13	요양보호사	여	60대	10년, 시설 경력 3년	
C-1	간호(조무)사	여	60대	–	
C-2	야간간호사	여	50대	–	
C-3	간호(조무)사	여	64세	10년 이상	
C-4	간호(조무)사	여	67세	10년 이상	
C-5	야간간호사	여	57세	시설 경력 1년	

주: '-'는 관련 내용을 확인하지 못했음을 뜻함.

대부분의 돌봄 종사자들은 시설에서 입소노인의 죽음을 경험하였고 임종 돌봄 서비스를 제공한 경험도 있었다. 또한 대부분은 시설의 임종 돌봄 서비스가 어떻게 가능한지, 어떤 절차로 진행되는지를 알고 있었고 이를 나에게 설명하였다. 굳이 비교를 하면 요양보호사들보다는 간호(조무)사들이 임종 돌봄 서비스에 대해 보다 구체적으로 설명해 주었다. 또한 일부 요양보호사들은 자신들을 임종 돌봄 서비스의 직접적인 제공자로 여기지 않고 있었다. 특별거실에서 진행하는 임종 돌봄 서비스만이 임종 돌봄 서비스라는 생각 때문이었다. 그럼에도 대화를 통해 이들도 시설임종에 대해 긍정적으로 여기고 있다는 점은 확인할 수 있었다. 그리고 시설장과 간호과장은 심층면담에서 임종 돌봄 서비스에서 요양보호사들의 역할이 크다고 강조하였다.

나는 돌봄 종사자들과 비교적 자유롭게 대화를 나누었지만, 자료 수집이란 측면에서 일상 대화가 가진 한계는 뚜렷하였다. 대화는 주로 종사자들의 근무 중 이루어졌기 때문에 이야기를 나누더라도 길게 이어지기보다는 끊어지는 경우가 많았다. 대화 주제는 수시로 변경되었고 녹음을 진행하기 어려워서 메모지 활용하여 중요한 내용을 기록하려 노력하였다. 돌봄 종사자들과 나눈 대화는 메모와 기억에 의존하여 추후 기록지를 작성하여 분석에 활용하였다. 또한 나는 일상적인 참여관찰의 과정에서 논문 주제와 관련성이 높은 대화가 이어지거나 관련된 현상을 관찰하면 논문 작성에 참고(혹은 인용) 가능성에 대해 추가로 언급하였다. 이러한 나의 언급에 대해 일부는 연구참여에 동의하였지만, 일부는 거부하기도 하였다.

■ 문서자료를 수집하다

참여관찰 중 B노인요양원에서 생산된 다양한 문서자료를 수집하였다. 우선 입소노인에 대한 내용을 기록해 놓은 문서자료이다. 간호실에서는 입소노인들의 기록을 개인별로 정리하고 있었는데, 개인별 기록은 색깔로 구분해 놓은 2개의 차트로 구성되어 있었다. 연두색 차트에는 건강 관련 문서들이 철해져서 보관되고 있었다. 주요 관찰 대상 어르신들에 대해 정리한 「업무 인계장」도 각 층별로 작성하고 있었다.

요양실에도 다양한 문건들이 있었다. 요양보호사가 기록하는 간병일지와 투약일지가 대표적인 문건이다. 간병일지에는 식사와 간식, 양치 여부, 다양한 생리현상, 위생 돌봄 실시 여부, 세탁물 등을 기록하게 되어 있었다. 또한 요양실 벽면에는 다양한 문건들이 부착되어 있었다. 대부분 입소노인들에게 맞춤형 돌봄 제공을 위한 메모로 식사 유형에 대한 내용과 투약 관련 내용들이 많았다. 입소노인들을 위한 「물리치료 오실 분 및 자전거(전동 상하지 운동기) 스케줄」과 「응급상황 발생 시 대응방법」도 요양실에 비치되어 있었다. B노인요양원의 특성이 드러나는 문서(「명상수행명단」, 「호스피스 상담」)와 실습생 교육을 위한 문서자료(「실습생 오리엔테이션 매뉴얼(생활실)」)도 비치되어 있었다. 문서자료들은 컴퓨터 워드 프로그램을 이용하여 시설에서 작성하여 제공한 문건도 있고 요양보호사들이 수기로 작성한 메모 형식의 문서도 있었다.

건물 내부의 다양한 공간에 게시판이 있었고 게시판에도 다양한 정보가 제공되어 있었다. 게시판에는 근무일정표와 야간업무 시간표, 호실별 업무분장, 법인 조직도, 시설 현황표를 비롯하여 노인학대방지 등에 대한 내용, 견인(손을 묶는 것)조치에 대한 내용 등이 정리되어 부착되어 있었다.

문서자료에 대한 접근과 수집에는 제한이 없었다. 시설장은 심층면담 과정에서도 연구를 위해 시설을 100% 공개한다고 언급하였고 실제 참여관찰 과정과 문서자료 수집 과정에서 정보 수집에 제한이 없었다. 시설장의 언급이 있었지만, 시설에서 생산된 자료에 접근할 때와 수집할 때는 시설 종사자에게 사전에 동의를 구하였다. 자료에 대한 접근과 복사 등에 대한 나의 요청은 대부분 허락되었다. 필요한 자료는 프린트하거나 사진을 찍거나 수기로 내용을 정리하여 수집할 수 있었다. 입소 현황 등과 같은 기초자료를 확인하기 위해 필요한 자료는 시설에 요청하여 수집하였다. 간호실에서 참여관찰 할 때는 간호부서의 허락을 얻어 개인별 차트와 노인장기요양 관리를 위한 컴퓨터 프로그램도 살펴보았다.

시설에서 수집한 정보와 관련된 연구윤리를 준수하기 위해서 노력하였다. 시설의 내부 자료를 통해 파악한 입소노인들의 정보와 개인사에 대해서는 연구 이외의 목적으로는 사용하지 않고 비밀보장 원칙을 준수하였다.

■ 연구윤리를 지키다

연구의 엄격성

질적 연구는 분석 내용의 신뢰성을 검증하는 단계를 거치지만, 양적 연구처럼 신뢰성(신뢰도)을 측정하고 검증하는 표준화된 방법이 존재하지 않는다. 질적 연구는 연구가 진행되는 동안 신뢰성을 구축해야 한다. 특히 질적 사례연구는 모든 단계가 상호작용의 과정이므로 연구자는 최대한 믿을 만하고 올바른 결과를 내려 노력해야 한다.

본 연구에서는 Lincoln과 Guba의 평가기준을 활용하여 사실적 가치(truth value)와 적용성(applicability), 일관성(consistency), 중립성(neutrality)을 확인하였다.[15] 첫 번째, 사실적 가치는 자료가 실제 연구현장에서 수집된 것인지, 녹취된 내용이 연구참여자의 의도와 부합하는지를 검증하는 것이다. 이를 위해 심층면담을 마친 후에 재검토가 가능한지를 문의하였고, 연구참여자 8명 중에서 4명이 재검토를 허락하였다. 재검토를 허락한 4명에게 분석결과 초고를 보여주고 검증을 받았다. 연구참여자의 지지와 동의를 통해 최종 연구결과를 구성하였다. 두 번째, 적용성은 연구결과가 연구 상황 이외의 맥락에서 다른 집단에 적용될 수 있는지를 확인하는 단계이다. 이를 위해 노인요양시설 관계자 1명, 질적 연구 경험자 2명, 동료 대학원생 1명에게 녹취된 자료와 분석결과를 보여주고 그들의 피드백을 연구결과에 반영하였다. 세 번째, 일관성은 자료 수집과 분석을 통하여 연구결과에 일관성이 있는지를 평가하는 기준이다. 이를 위해 노인요양시설과 호스피스 관련 보고서에 제시된 면담 등의 자료, 언론보도에서 접할 수 있는 노인 임종 관련 이야기 등을 연구참여자들의 면담 내용과 비교하였다. 네 번째, 중립성은 연구 과정이나 결과에 나타나는 편향성을 배제하는 것이다. 이를 위해 B노인요양원에서 참여관찰과 심층면담을 진행할 때 나는 기존에 가지고 있던 선이해와 편견, 선행연구에서 접한 가정과 전제들이 개입하지 않도록 현상학의 판단중지와 괄호치기 기법을 활용하여 중립성을 지키고자 노력하였다. 또한 수집 자료를 분석·해석하고 분석결과를 기술할 때 시설 종사자들이나 보호자들의 입장과 감정에 매몰되지 않도록 주의하였다.

---

15) Lincoln, Y., and Guba, E.(1985). Naturalistic Inquiry. Newbury Park, CA: Sage Publications; 김미옥·최정민·강승원(2013). 「중년기 뇌졸중 장애인의 삶에 관한 해석학적 현상학 연구」. 『한국사회복지학』 65(1).

연구 윤리

이 연구의 주요 대상은 시설에서 실천하는 임종 돌봄 서비스 프로그램이다. 서비스를 제공하는 돌봄 종사자와 서비스를 경험하는 보호자는 연구참여자이다. 이 연구에서 입소노인은 연구참여자로 고려하지 않았다. 임종 돌봄 대상자이지만 임종 과정에 접어든 입소노인을 대상으로 면담은 불가능하며 건강 상태 등 관련 정보는 시설 종사자와 보호자를 통해 획득할 수 있다고 생각하였기 때문이다.

참여관찰 중에 만나서 대화를 나누는 이차적인 정보제공자에게는 개별적으로 연구참여 동의를 구하지 않았다. 참여관찰 공간인 B노인요양원에서 참여관찰을 시작하기 전에 직원들이 모이는 전체조회 시간에 연구주제와 연구방법 등에 대해 설명하였다. 내가 배정된 요양실의 요양보호사에게도 같은 내용이 반복·전달되었다. 그래서 나는 실습생으로 근무일정표에 기재되었지만, 대부분의 시설 종사자들은 '연구자'가 시설에서 참여관찰 하고 있다는 점을 인지하고 있었다.

주된 연구참여자들은 임종 돌봄 서비스에 대한 깊이 있는 정보를 제공할 수 있는 시설 종사자들이다. 예비조사와 오리엔테이션을 진행하면서 심층면담 대상자를 염두에 두었고 참여관찰을 통해 그 필요성을 다시 한번 확인하였다. 나는 이들에게 심층면담을 요청하였고 자발적으로 참여 의사를 밝힌 종사자들을 대상으로 심층면담을 실시하였다. 이 경우에는 서면으로 연구참여에 대한 동의 여부를 확인하였다.

임종 돌봄 서비스를 경험한 보호자들도 주된 연구참여자들이다. 이들은 연구윤리의 관점에서 취약집단이어서 윤리적 측면에서 세심한 주의를 기울였다. 나의 임종 돌봄 서비스 참관은 시설장을 통해 동의를 구하였다. 내가 임종 돌봄 서비스에 참여한 입소노인의 경우에는 사후의례인 49재에 참여하여 보호자 가족과 관계를 형성하고 이들이 느낄 수 있는 불편한 감정들을 최소화하도록 노력하였다. 보호자 가족과 신뢰관계가 형성되면 심층면담을 요청하였다. 심층면담을 허락한 보호자를 대상으로 면담을 진행하였다. 심층면담 전에 녹음 여부를 확인하였고 서면으로 연구동의 여부를 확인하였다. 일부 보호자는 어르신을 짐작할 수 있는 그 어떤 정보도 논문에 표기되지 않기를 요구하였고, 이를 확인하기 위해 논문 출간 전에 이를 확인하는 과정을 거쳤다. 그리고 모든 연구참여자에게는 심층면담 과정 중에 불편함과 심리적 압박감을 느낄 경우 연구동의 철회와 중지가 가능하다는 사실도 고지하였다.

자료수집 과정에서 시설 관계자와 협력관계를 유지하기 위해 노력하였고, 특히 시설장의 조언이 연구 과정에 큰 도움을 주었다. 본 연구는 동신대학교 생명윤리위원회의 심의를 거쳤다(IRB 승인번호: 201907-SB-033).

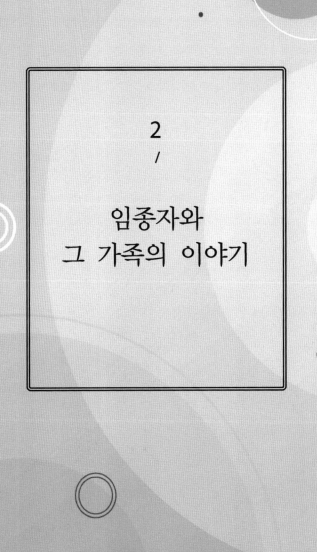

2
/

임종자와
그 가족의 이야기

나는 참여관찰을 진행하면서 시설의 여러 요소 중에서 특히 임종 돌봄 서비스에 주목하였다. 이 연구에서 제기한 세 가지 질문에 답을 하기 위해서는 B노인요양원의 시설임종과 임종 돌봄 서비스에 대한 이해가 핵심이기 때문이다. '노인요양원에서의 시설임종'은 보호자의 선택, 임종 돌봄 서비스 제공, 임종 발생이라는 요소로 이루어져 있다. 또한 시설에서 이루어지는 임종은 내가 선택할 수 있는 것이 아니었다. 나는 조건에 부합하는 시설임종을 선택할 수 없었고 연구에 부합한 시설임종이 이루어지고 나의 참여가 허락되기를 기다리는 입장이었다. 보호자 가족이 임종 참여를 허락한 경우에만 참여관찰이 이루어졌다. 관찰 대상 임종 돌봄 선정에는 [그림 1]에서 정리한 바와 같이 B노인요양원 시설장의 역할이 컸다. 참여관찰 기간 중에 시설에서 임종 상황이 발생하면 시설장이 보호자 가족의 성향을 고려하여 나의 연구주제와 목적에 대해 설명하였다.

또한 나의 임종 참여는 나에게 보호자와 라포를 형성하는 계기가 되었다는 점에서 중요한 의미를 가지고 있다. 노인요양원의 특성상 연구자가 입소노인 보호자들과 신뢰관계를 형성할 수 있는 기회는 매우 제한적이다. 임종과 임종 어르신의 사후의례(49재)에 참여하면서 보호자 가족과의 신뢰관계를 형성할 수 있었다. 이런 과정을 거

처 형성된 신뢰관계를 바탕으로 보호자 가족과 심층면담을 진행할
수 있었다.

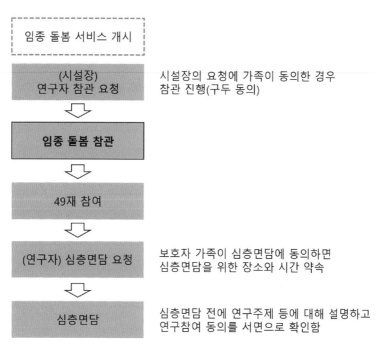

[그림 1] 임종 어르신 보호자 가족의 연구참여 과정

■ A어르신 임종 돌봄 사례

A어르신은 70대 남성 노인으로 기업 임원을 지냈다. B노인요양원
기록에 따르면 A어르신은 2000년대 초반부터 고혈압으로 약을 복용하
기 시작하였다. 20○○년에 혈변과 체중 저하로 병원에서 검사를 받았
고, 검사결과 대장암 진단을 받고 수술하였다. 수술 이후 8년이 지난
20○○년 ○○월에 폐암이 발견되었고 뇌까지 암이 전이되었다는 진단

을 받았다. 3년 뒤인 20○○년 ○○월에는 ○○○병원에서 협심증으로 스텐트 시술을 받았다. 오랜 투병 생활에도 불구하고 여러 장기에 암이 전이되어 말기 판정을 받았다. 시한부 판정을 받은 이후 집에서 지내다 시설 입소를 결정하였다. 병원과 요양원 등 다양한 시설을 알아보는 과정에서 B노인요양원 입소가 가능하다는 연락을 받고 입소하였다. B노인요양원 선택에는 입소노인 가족의 종교적 배경이 작용하였다. 입소노인 가족은 불교 신앙심이 깊으며 시설을 알아보는 과정에서 불교계 지인으로부터 B노인요양원을 소개받았다. A어르신은 입소 후 한 달 보름을 시설에서 생활하고 임종하였다. 입소한 직후 임종 돌봄 상담을 마무리하였고 가족이 임종을 지켰다. 시설장이 임종 돌봄 사례로 추천하고 가족 동의를 받아 나도 임종 돌봄에 참여하였고 사후의례에도 참여하였다.

연구자와 만남 및 관계 형성

나는 A어르신 및 그 가족과 총 5차례 만났다. 첫 만남은 임종 돌봄을 위한 특별거실에서 있었다. A어르신 및 그 가족과 그 어떤 사적 인연도 없었다. 그럼에도 임종 돌봄에 참여하여 어르신의 임종을 가족과 함께 지켜보았다. 이 인연은 사후의례에 참여할 수 있는 이유와 동기가 되었다. A어르신을 추모하는 사후의례에 참여하면서 보호자 가족과 관계를 형성하였고 이를 바탕으로 심층면담을 하게 되었다.

입소

A어르신은 집에서 가족 돌봄을 받다가 돌봄을 제공하던 배우자 건강이 나빠지고 재가요양만으로는 충분한 돌봄이 제공되지 않아 시설에

입소하였다.

> 5개월에서 6개월 정도 집에서 계셨는데, 그때부터 계속 누워 계셨어요. 이제 저는 주로 이제
> 집에 같이 사는 것은 아니고 따로 나와서 분가해서 살고 어머니가 (중략) 어머니가 혼자 계셨어
> 요. 혼자 그걸 하셨죠. 수발을 하셨는데. 이제 어머니 몸도 점점 갈수록 안 좋아지시고 그리고
> 이제 아버지도 상태도 안 좋아지고 하는데, 가장 큰 이유는 아무래도 어머니까지 몸이 좀 안 좋
> 아지신 게 가장 큰 이유였던 것 같아요. 뭔가 그런 요양보호사 해 가지고 하루에 2시간 정도씩
> 집에 와 가지고 하는 거. 하고 있었어요. 이제 그걸로는 좀 부족한 거 같더라고요. 그래서 일단
> 은 아는 분 통해서 이제 '병원을 좀 몇 군데 좀 알아보면 좋겠다.'라는 이제 제의라고 해야 될까?
> 권유를 좀 받았고. 그다음에 그러다 보니까 뭐 이런 데가 있다라는 얘기 들었어요. ○○○ 이야
> 기를 들었고, 그 외 한 몇 군데 이야기를 더 들었는데. (중략) 소개를 받았죠(D-1).

심층면담에서 언급된 '병원'에는 '호스피스 병원'도 포함되어 있었다.
A어르신의 임종을 함께 지켜본 지인은 호스피스도 알아보았다. B노인
요양원과 병원 모두 순서를 기다리는 상황이었고 B노인요양원에서 먼
저 입소가 가능하다는 연락이 왔다. 그리고 믿고 있는 종교가 같다는
공통점을 고려하여 입소를 결정하였다.

> 원래는 ○○ ○○병원에 모시려 했다가, 거기도 순서를 기다려야 되는 상황이고 그렇게 고려
> 하던 중에 ○○○이 불교 ○○○에서 위탁 운영하니까 그쪽이 더 좋겠더라고. 그래서 ○○○로
> 가게 된 거죠(D-2).

입소 당시 A어르신의 청력과 시력, 치아상태, 피부상태는 양호하였
다. 다만 거동이 어려워서 기저귀를 착용하기로 하였다. 이는 A어르신
이 자신의 상태를 정확하게 인지하고 있음을 보여준다. 대소변을 인지
하지 못하거나 이동이 어려워서 기저귀 착용이 필요함에도, 기저귀 착
용을 거부하는 입소노인들도 있다. 이 경우 대부분은 예전 기억에 의존
해서 자신은 대소변을 관리할 수 있다고 여긴다. 이로 인해 여러 문제

가 발생하고 돌봄 제공자인 요양보호사와 어르신 사이의 갈등을 일으키는 주요 원인이 되기도 한다.

인지가 양호하고 자신의 상태를 잘 알고 있는 A어르신은 시설 생활에 비교적 수월하게 적응하였다. 일반적으로 입소노인들은 시설에 적응하고 안정화될 때까지 일정한 시간이 필요하다. 일부 어르신은 집에 돌아가기 위해 자녀들에게 시설 생활이 불편하다고 이야기한다. 시설 종사자들이 자신에게 학대를 가한다고 과장을 섞어서 이야기하는 어르신도 있다. 하지만 A어르신은 그렇지 않았다. 입소 이튿날 면회에서 배우자에게 "잘 해준다."라고, 지인 면회 시에는 "집에 가고 싶은 생각이 없다."고 말했다고 간호일지에 기록되어 있었다.

생활과 관찰

거동이 어려운 어르신의 일과는 매주 단조로웠고 생활공간은 요양실과 침상으로 제한되었다. A어르신은 움직이면 어지러움을 호소하였고 반듯이 누워 있기를 원하였다. 음식물을 넘길 때 걸리는 느낌이 있어서 죽을 먹었고 식사할 때 돌봄이 필요하였다. 특히 후반기에는 움직이면 구토하는 현상이 반복되어 활동반경이 더욱 제한되었다. 면회도 후기에는 면회실에서 하지 못하고 요양실에서 실시하였다.

어르신은 조용히 TV를 시청하거나 조용히 누워서 생각을 하는 것으로 하루 대부분의 시간을 보냈다. 간호일지에는 「말씀이 없으시고 종일 생각에 잠겨 계시므로 말벗으로 정서지원 해드림(16일째)」, 「천장에 법문 붙여 놓고 쳐다보고 계심(30일째)」, 「눈을 감고 조용히 누워 계심(36일째)」, 「조용히 천장만 쳐다보고 계심. 눈 감았다 떴다 하시며 생각에 잠겨 계심(41일째)」이라고 기록되어 있다. 호스피스(임종 돌봄)를 염두에 두고 시설에 입소하였기 때문에 자신의 삶을 반추하고 정리하는 시간이었을 것이라 짐작한다. 이는 일부러 법문을 붙여 놓고 본 것을 통해 추측할 수 있다.

바이탈 사인(vital sign)[16] 측정 과정에서 간호 인력과 어르신의 대화를 통해 당일 기분을 짐작할 수 있다. 입소 당일 오후에 바이탈 사인 측정을 위해 '측정 좀 할게요.'라고 말을 전하였고, 팔을 내어주었다고 기록되어 있다. 입소 다음 날 오후 바이탈 사인 측정 시에는 "재서 뭐하나… 차도도 없는데…."라고 말하며 귀찮아한다고 기록되어 있다. 11일째에는 "이런 걸 뭐 하러 하나?"라고 언급하기도 하였다. 하루에도 기분이 수시로 변화하기도 했다. 42일째 기록에는 새벽 4시 측정 시에는 협조해 주었다고 기록되어 있지만, 오후와 저녁 측정 때는 짜증을 많이 내었다고 기록되어 있다. 자신의 건강 상태가 점점 더 좋아지지 않고 있음을 통증을 통해 확인하는 어르신 입장에서는 자신의 건강을 전혀 개선시키지 않는 바이탈 사인 측정은 귀찮은 일에 불과할 수도 있다. 혈압 측정은 일반인들에게는 약간의 불편함만을 주지만 피부가 얇은 어르신들에게는 통증을 준다고 한다. 그래서인지 11일째에는 혈압 재는 걸 불편해한다고 기록되어 있다. 44일째에는 돌봄 서비스 제공을 위해 몸에 손만 닿아도 짜증을 내고 예민해지기도 하였다.

입소 이후 어르신의 상황 변화를 요약하면, 9일째부터는 하루 4차례 이상 바이탈 사인을 측정했던 것을 하루 1회로 줄이고 측정항목도 혈압 한 가지로 줄였다. 이는 어르신의 상태가 안정화되었으며 당분간은 임종 과정에 접어들 가능성이 줄어들었음을 의미한다. 이후 12일부터 15일까지는 다시 하루 4차례 바이탈 사인을 체크하였고, 16일부터 31일째까지 다시 관찰대상에서 제외되었다. 32일째 저녁 식사 후에 구토한 이후에 다시 관찰대상에 추가되었다. 43일째 얼굴이 창백하고 혈압

---

16) 바이탈 사인은 활력 징후를 의미하며 체온, 혈압, 맥박, 호흡의 측정값을 말한다.

이 높게 측정되고 가래 증상이 발견되어 44일째부터 집중 관찰이 실시되었다. 48일째 가래가 심하고 흡입(suction)으로도 배출되지 않고 식사를 하지 못하고 호흡이 힘들어 가족에게 임종 과정에 접어들었다는 연락을 하였다.

임종 지키기

A어르신이 임종한 날은 원래 휴무일이었다. 오전 9시에 시설장으로부터 전화가 와서 전날 퇴근 시에 이야기했던 어르신의 바이탈 사인이 30%가량 흔들렸고 임종이 얼마 남지 않았다고 설명하였다. 어르신의 배경을 고려하면 연구참여도 흔쾌히 허락할 가능성이 높다고 하였다. 또한 어르신의 사후의례에도 참가하면 보호자 가족과 대화도 가능할 것이라 언급하였다. 현재 어르신이 특별거실에 입실했고 부인이 옆을 지키고 있다고 하였다. 다른 가족에게도 임종을 위해 시설로 들어오라 했다고 전하고 나에게는 저녁 7시 30분까지 오라고 하였다.

나는 임종을 지켜보는 것, 임종 돌봄 서비스가 처음이라서 밤을 샐 가능성을 고려하여 핸드폰과 녹음기의 배터리를 충전시키는 등의 준비를 하였다. 시설로 들어가기 위해 준비하던 오후 2시 30분에 시설장으로부터 다시 전화가 왔다. 이때 받지 못하고 부재중 통화를 확인하고 3시에 전화를 해서 통화가 되었다. 시설장은 어르신의 호흡과 맥박 등에 변화가 있다고 언급하며 이전에 약속한 시간보다 빨리 와야 한다는 뉘앙스로 말하였다. 전화를 끊고 서둘러서 준비를 마치고 3시 30분에 출발하였고 5시에 시설에 도착하였다.

간호일지에는 10시 30분에 특별거실로 이동하였다고 기록되어 있었다. 오후 2시에는 「(좌)무릎까지 청색증이 관찰되었고 호흡을 힘들게 하시고 계심」이라고 기록되어 있다. 이후 30분 뒤에 호흡이 28회로 증가하였고, '몸 바꾸심 옷으로 환복하였다.'고 기록되어 있다.[17] 오후 3시에 가족사진을 찍었다고 간호일지에 기록되어 있으며, 5시 30분에 호흡이 20회로 줄어들었고, 5분 뒤에는 호흡이 18회로 줄어들었다. 이 보고를 받고 B노인요양원의 시설장은 불교식 임종 의례를 실시하였다. 임종 의례를 시작한 지 20여 분이 지난 오후 5시 47분에 어르신은 임종하였다.

나는 오후 5시에 시설에 도착하였고 곧장 특별거실로 이동하였다. 시설장에게 연락을 받은 간호팀장은 내가 특별거실에 입실하기 전에 가족들에게 재차 임종 돌봄 참관 동의를 확인하였다. 당시 특별거실에는 부인과 아들, 어르신의 친형 그리고 지인 한 분이 있었다. 지인은 어르신과 인연이 있는 교수 출신이라고 자신을 소개하였다. 나는 어르신이 누워 있는 침상과 조금 떨어져 있는 곳에 의자를 놓고 앉아서 임종 과정을 함께 지켜보았다([그림 2] 참고).

시간이 얼마 지나지 않아서 시설에서 저녁 식사를 권하였다. 어르신의 친형은 저녁을 먹지 않겠다고 말하였고 다른 가족들은 교대로 먹기로 하였다. A어르신 아들과 지인 교수, 나 이렇게 3명이 함께 식사하러 갔다. 나는 식당 안내 등을 이유로 보호자 가족의 식사에 합류하였고 가족들은 별다른 이의를 제기하지 않았다. 식사 중에 어르신의 지인은 나에게 전공과 참여관찰이 도움이 되는지, 몇 번째 참관인지 등에 관해서 질문하였다. 그리고 자신의 대학과 전공에 대해서 이야기해 주었고 이제는 정년퇴임한 상태라고도 하였다. 얼마 후 교대 후 식사하기로 했던 어르신의 부인이 식사하러 왔다. 시설장이 같이 식사하는 것이 낫다고 권하였다고 한다.

---

17) B노인요양원에서는 임종 돌봄 서비스 과정에서 임종을 위해 갈아입는 옷을 '몸 바꾸심 옷'이라고 부른다. 이는 죽음을 생의 마감이나 종결이 아니라 새로운 삶의 시작으로 이해하는 불교 교리를 담고 있는 명칭이다. .

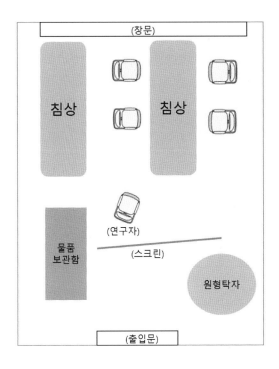

[그림 2] A어르신 임종 돌봄 시 자리 배치

같이 식사하면서 어르신의 부인은 친척과 지인들이 어르신을 찾아왔고 각자 인사말을 전했다고 언급하였다. 그들이 전하는 인사말을 듣고 그때 눈물이 났다고 하였다. A어르신의 부인은 입소 기간 중에서도 어르신의 지인들이 면회를 와서 이별 인사를 나누었다고 전했다. 그리고 "인사 나누어야 하는 사람들은 모두 인사를 나눈 것 같다."라고 하였다.

저녁 식사를 마치고 5시 30분에 특별거실에 다시 입실하였다. 간호팀장이 호흡이 느려지면 연락해 달라고 요청하고 나갔다. 아들은 어르신 땀을 닦아주면서 땀이 많이 난다고 걱정하였다. 그때 간호팀장이 특별거실로 들어왔고 아들은 간호팀장에게 왜 땀이 많이 나는지, 어떻게 해야 하는지에 대해 물었다. 이에 간호팀장은 임종 과정에서 원래 땀을 많이 흘린다고 답을 하고 호흡수를 측정하였다. 호흡수를 측정하고 급하게 특별거실에서 나갔고 얼마 후 시설장이 입실하였다. 호흡수를 측정하고 임종이 임박했다는 사실을 확인하고 이를 시설장에게 보고한 것으로 짐작된다.

임종 의례

시설장이 특별거실로 입실하여 어르신의 상태를 확인하고 약간 올라가 있는 침대 상단을 원위치시켰다. 스크린을 등 쪽에 두고 어르신을 정면으로 보이는 곳에 자리하고 불교식 임종 의례를 시작하였다. 불자인 부인은 독경을 따라 하였다.

오후 5시 47분에 어르신이 임종하였다. 간호팀장이 향을 가져와서 창문 앞에 향을 놓았다. 시설장의 지도하에 특별거실에 있는 모든 사람이 어르신을 향해서 3배를 하였다. 유가족에게 아직은 소리 내서 울지 않도록 권하였다. 아들은 어르신 왼쪽에서 왼손을 가슴으로, 부인은 오른쪽에서 오른손을 가슴으로 포개게 하였다. 그 상태에서 부인과 아들에게 각자 어르신에게 하고 싶은 말을 하게 하였다. 아들에게 어르신 눈을 감기게 하고 수건으로 입이 벌어지는 것을 방지하도록 하였다. 그리고 시설장은 부인에게 잠시 이야기를 나누게 원장실로 오라고 요청하였다.

아들은 수건으로 입 벌어지는 것을 방지하기 위해 특별거실 안에 머물렀다. 나머지 가족은 특별거실 밖에서 친척과 회사 등에 임종 사실을 알리고 상조회사와 장례식장에 연락하였다. 어느 정도 시간이 지나자 시설장이 다시 보호자 가족을 특별거실로 모았다. 나도 이때 가족들과 함께 특별거실로 입실하였다. 시설장은 이제는 사라진 우리나라 풍습이라 소개하며 마지막 의식을 치렀다. 쟁반 위에 5잔의 음료수가 있었고 시설장은 이를 임종한 어르신이 가족에게 남겨주는 마지막 공양물이라고 소개하였다. 망자가 전해 준 마지막 공양물을 먹으면 무병장수한다는 의미를 담고 있는 고유의 풍습이며 일제강점기에 맥이 끊긴 의례라고 설명하였다. 보호자 가족과 나는 공양물(음료수)를 마셨다. 아들은 가족을 대표해서 마지막 인사와 다짐을 어르신에게 전하였다. 그 후 아들은 가족을 대표해서 시설에 방문 온 지인들에게도 공양물을 전하였다.

모든 임종 의례가 끝나고 시설에서는 어르신의 유품을 보호자 가족에게 전달하였다. 가족이 준비한 영정 사진과 함께 시설에서 발급한 사망진단서도 전달하였다. 사망 관련 행정 처리를 위해서는 사망진단서가 7장가량 필요하지만, 시설에서는 넉넉하게 10장을 발급해 주었다. 시설에서는 보자기에 영정 사진과 사망진단서를 함께 싸고 구급차에 타는 가족이 가지고 이동하라고 하였다. 장례식장에 도착하면 바로 필요하기 때문에 다른 가족이 가지고 이동하면 혼란이 발생할 수 있다고 설명하였다. 오랜 경험에서 체득한 노하우라는 생각이 들었다. 유품과 사망진단서를 전달하는 과정에서 부인은 산골(散骨)은 어떻게 해야 할지에 대해서 시설장에게 질문하였다. 장례식장까지 이동할 구급차가 시설에 도착했다는 소식이 들렸고, 보호자 가족과 시설장은 마지막 인사를 하였다. 어르신의 친형은 "나도 여기서 마무리하고 싶다. 아주 아름답고 경건하다."라고 감사의 말을 전했고, 임종 어르신의 배우자는 "매우 감사하다. 다음에 인사드리러 오겠다."고 하였다.

구급차가 도착하여 특별거실로 환자이동용 이동침대(스트레처카)가 들어오고 어르신이 이동침대로 옮겨지고 주차된 곳으로 이동하였다. 시설 주차장에 도착한 돌봄 종사자들은 임종 어르신을 배웅하였다. 구급차와 보호자 가족이 모두 떠날 때까지 자리를 지켰고 구급차가 시설을 완전히 떠난 시각은 저녁 7시였다. 임종 어르신과 가족이 시설을 떠나고 시설에서 실행하는 임종 돌봄은 마무리되었다.[18]

A어르신의 임종 돌봄을 관찰하면서 가장 인상적이었던 것은 어르신 친형의 태도 변화였다. 연구자의 자격으로 내가 임종 돌봄을 함께 하는 과정에서 시설장이 나에게 어르신 목욕할 때 발을 씻겨 드리게 하려고 했었다는 원래 계획을 전하였다. 하지만 어르신의 상황이 급격하게 악화되어 이러한 계획을 실천할 수 없었다. 시설장은 나에게 그런 경험을 하지 못한 것에 대한 아쉬움을 전하였다. 하지만 임종 당시의 다소 어수선한 상황에서 어르신의 친형은 이 말을 오해하여, "동생에게 아무것도 하지 말라. 그냥 가만히 두라."라고 다소 걱정스러운 눈빛과 조금은 짜증 난 말투로 말하였다. 가족의 입장에서 동생의 임종이 연구의 대상이 된다는 점, 그래서 전혀 생면부지의 사람과 함께 임종을 지켜봐야 한다는 점이 불편함을 줄 수 있었을 것이라 짐작되었다.

시설장이 집전하는 임종 의례가 시작되었고 마지막 공양까지 함께 하였다. 임종 의례가 끝난 상황에서 어르신 친형의 마음은 이미 누그러져 있었고 시설장에게 감사의 마음을 전달하였다. 앞서 언급했듯이 자신도 여기서 임종하고 싶다는 바람을 내비쳤다. 나와도 악수하며 헤어졌다. 사후의례를 진행하는 사찰에서 만나 인사를 전했을 때는 어르신의 친형은 임종을 함께 했다는 사실을 먼저 언급하였고 나의 사후의례 참여를 당연시하는 뉘앙스로 인사하였다.

---

18) 임종 돌봄 서비스는 배웅을 끝으로 마무리되었지만, 나는 시설을 떠나지 않고 임종 돌봄 관련 대화를 간호팀장과 나누었다. 이처럼 참여관찰 중에 대화를 수시로 나누었지만 녹음하지는 못했다.

■ B어르신 임종 돌봄 사례

B어르신은 90대 초반 여성 노인으로 노인성 질환을 복합적으로 앓고 있었다. 보호자는 입소 때부터 '죽음'을 생각하고 있었다. 입소 전에 B어르신과 보호자는 서울시 G구에서 함께 살고 있었지만, 동거한 지는 2년이 되지 않았다. 자녀를 모두 출가시킨 후 경기도 한 도시에서 노인부부가구로 생활하다 2000년대 초반 남편과 사별한 후에는 혼자 생활하였다. 보호자에 따르면 평소 성격이 활발했던 어르신은 노인정에 다니는 것을 즐거워하였고 노인정 분위기를 주도할 만큼 성격도 진취적이었다. 평소 꾸미기를 좋아해서 매주 같은 미용실에서 염색하였고 자주 다니던 경로당에서는 옷 잘 입는 멋쟁이로 통하였다. 어르신은 이사 과정에서 자신의 많은 옷을 이웃 노인들에게 나누어 주었다.

이러한 이유에서 보호자는 어르신이 오래 생활한 지역에서 살아가는 것이 낫다고 생각하였다. 그러던 중 어르신이 약 2년 전에 함께 살자고 먼저 제안하였다. 생활 근거지를 옮기는 것과 동거 생활에서 오는 불편함 등을 고민하다가 함께 살기로 결정하였다. 각자가 거주하던 집을 처분하고 돈을 모아서 G구에 연립주택을 구입하였다. 동거 생활의 불편함을 줄이기 위해 각각 다른 층에 살았다.

B어르신은 노인성 질환을 복합적으로 앓고 있었지만, 작년(2018년) 초까지는 비교적 건강 상태가 양호하였다. 그러다 작년 가을부터 건강 상태가 악화되기 시작하였고, 자신이 어르신을 돌보는 것이 과연 좋은 것인지 고민이 되었다고 한다. 그래서 여러 경로를 통해 노인요양원을 수소문하였고 그중 몇 곳에서 상담을 진행하였다. B노인요양원도 그중 하나였다.

올해(2019년) 1월 어느 날 어르신은 아침에 일어난 후 몸 우측으로 힘이 없고 어눌하게 말하는 증상이 발견되어 병원 진료를 받았다. 진료 결과 뇌경색이 의심되어 ○○○병원에 입원하였다. 입원 다음 날 병원에서 넘어져 고관절 골절 사고를 겪었고, 3일 뒤 고관절 치환술을 받았다. 수술 이후 보행에 어려움이 있어서 보행보조기를 이용하였다. 퇴원이후 3월 중순부터 노인주간보호센터(이하 센터)를 다시 이용하기 시작하였다. 4월 말에 다시 말이 어눌해져 ○○○병원에 재입원해 5월 초에 퇴원하였다. 퇴원 후 집에서 지내는 동안 대부분 시간을 잠을 자며 지냈다. 어쩌다 센터에 다녀오는 날에는 땀으로 옷이 젖을 정도로 힘들어하였다. 당시 동거 중이던 딸은 '이러다 어머님이 돌아가시겠구나.'라고 생각하였고 집에서 임종을 지켜볼 생각도 하였다.

연구자와 만남 및 관계 형성

B노인요양원에서의 참여관찰을 계획하면서 나는 참여관찰 시 참여자보다는 관찰자 역할이 강조될 것으로 생각하였다. 특히 임종 돌봄 중에는 단순한 관찰만 가능할 것이라고 예상하였다. 하지만 B어르신의 임종 돌봄에서 나는 가족 구성원으로 참여하였다. 이러한 관계는 입소 상담 때 있었던 작은 일에서부터 시작되었고, 이때 인연은 연구 끝까지 이어졌다.

나는 B어르신의 입소상담에 배석하여 상담 과정을 지켜보았다. 이때 어르신을 처음 보았다. 이날 어르신은 2박 3일 동안 병원에서 지내고 시설에 입소하는 절차를 밟는 중이라 체력적으로 힘들었을 것으로 추측된다. 그런데도 상담 초기부터 어르신은 나를 보고 웃음을 보였다. 본격적인 상담을 위해 지하에서 1층으로 이동하는 승강기 안에서도 나를 바라보며 환하게 웃었다. 당시 현장에 있던 자녀들과 시설장 모두 그 이유에 대해 궁금해하였다. 같이 생활하던 딸은 어르신이 평소에 다니던 센터 원장님을 좋아했는데 나의 외모가 센터 원장과 닮아서 그런 것 같다고 설명하였다. 상담은 약 1시간 30분 정도 진행되었다. 그 중간에도 간간이 어르신은 나를 보고 미소를 보였다. 그러던 중 어르신은 딸에게 내가 친척 중 ○○를 닮았다고 언급하였다. 이 경험은 나에게 큰 영향을 주었고 가족들에게도 영향을 준 듯하다.

B어르신의 입소상담이 진행된 날은 관찰일이 아니어서 나는 사무실에서 일을 하다 중간에 짬을 내어 상담 참관을 위해 B노인요양원을 찾았었다. 당시는 참여관찰 초반이라 참여관찰에 대한 기대감과 연구가 잘 진행될지에 대한 의구심, 처음 접한 요양보호 실천현장에 대한 어색함이 교차하던 시기였다. 그러한 상황에서 그날 처음 본 나를 보고 환하게 웃어 주시던 어르신의 미소는 나를 격려하는 것처럼 생각되었다. 개인적으로 몇 년 전에 돌아가신 어머니가 '지금도 살아 계시면 나를 보며 저렇게 웃어주겠구나.'라는 생각이 들었다. 그래서 조금은 편하게 입소상담을 지켜보았고 어르신이 이전부터 알고 있었던 분처럼 생각되었다. 그리고 '참여관찰 기간이라도 관심을 가지고 지켜봐야겠다.'라고 생각을 하였다.

어르신이 배치된 요양실은 시설 관찰 때마다 꼭 들렀던 원장실 근처라서 시설 관찰 날에는 어르신을 보고 상황을 확인하려고 노력하였다. 시설장을 비롯한 간호(조무)사들에게 어르신 상태를 자주 확인하였다. A어르신의 사후의례에 참석하기 위해 이동하는 과정에서도 시설장에게 B어르신의 건강 상태에 대해 질문하였다. B어르신에 대한 나의 관심을 확인한 시설장은 참여관찰 마지막 주 관찰 장소를 어르신이 있는 요양실로 배치하였다. 관찰 시간은 주간과 야간 각각 하루씩 배정하여 어르신의 생활을 24시간 온전히 관찰할 수 있도록 하였다. 당시는 참여관찰 일정이 얼마 남지 않았던 시기였다. 관찰 장소가 근무일정표에는 기재되지 않았지만, 시설장은 내가 계속해서 관찰하던 남자 어르신

요양실로 배정할 계획이었다. 하지만 나의 지속적인 관심과 어르신의 건강 상태를 복합적으로 고려하여 요양실을 변경하였다.

내가 요양실에 배치된 시기에는 어르신의 건강 상태가 다소 악화된 상황이라 어르신과 직접적인 의사소통은 할 수 없었다. 나와의 만남을 기억하는지를 확인할 수 없었다. 어르신의 다른 가족들도 입소상담 때의 일을 알고 있었다. 사후의례 후 가족들과 식사를 함께 하면서 입소상담 때 일화를 이야기하였을 때 가족 중 한 명이 "어머님이 아주 환하게 웃으셨다고 들었다."라고 말했다. 그리고 나와 닮았다는 ○○는 사촌 형제였다. 이 경험 때문인지 어르신의 딸은 나에게 호의적이었다. 임종 전날 어르신 외출 때 딸 1명으로는 외출이 힘들다고 하여 나도 외출에 동행하였다. 같은 날 저녁에 2시간 정도를 특별거실에서 함께 있으면서 여러 가지 이야기를 나누었다.

B어르신 및 그 가족과 나는 총 11차례 만났다. 이 중 4-5차례는 어르신이 살아 계실 때 이루어졌다. 날짜 착오로 인해 참석하지 못한 초재를 제외한 나머지 6차례의 사후의례에 참석하여 가족을 만났다. 연구 과정에서 맺어진 B어르신 및 그 가족과의 관계는 3개월 이상 이어졌다. 시설장은 B어르신과 나의 관계를 다음과 같이 설명하였다.

> 이 선생이 적극적으로 그렇게 하고 싶어 하니까. 영 피도 한 방울, 물도 한 방울 안 섞였지만 ○월 ○일 날 입소할 때 이 어르신을 입소상담 하는 것을 뒤에서 봤고. 그리고 또 관심이 있어서 마무리할 때, 이 방에 가 가지고 한 번 체킹 해서 보고. 또 밤에 간호사 선생님이 하는 스케줄 따라다니면서 보면서 시각이 이제 각각 다른 입지에서 그 어르신을 향해서 봤을 거라고. 그죠?(A-1)

> 이 ○○○ 어르신이 아마도 우리 이 선생이 논문을 쓰는 데 정말 저렇게 열심히 하려고 하니까 나를 모델로 해 가지고 한번 전 사이클을 느껴봤으면. "저 사람한테 느끼도록 해줘야 되겠다." 하는 마음을 가지신 것 같애. 그러니까 딱 시작하는 날 입소를 할 때 이 어르신이 입소를 했어. 그죠? 마무리하면서 정리가 됐어. 마무리하고 일주일밖에 안 되는데. 이 어르신이 준비를

하셔 가지고, 선생님 며칠 쉬라고 여유를 주고 해서. "아~ 부르면 올까 말까." 할머니가 하는 거예요. 근데 왔잖아요. 왔으면 할머니가 정확하게 선생님한테 보여줄 거라고. 그런 게 우리가 서로 라포 형성이 잘 돼야 보고 하는 거니까. 그런 각도로 임해서 보시면 될 것 같아요. 가서 한번 어르신 뵙고 가봅시다(A-1).

이처럼 B어르신과 내가 입소부터 임종 돌봄까지 함께할 수 있었던 이유를 시설장은 '어르신의 마음' 때문이라 하였다. 연구를 위해 맺어진 인연이었지만 나에게 B어르신은 시설에서 만났던 다른 어르신들과는 조금 다르게 특별한 의미로 받아들여졌다.

관계의 밀도는 만남의 지속 시간과 정비례하지 않는다고 생각한다. 하지만 물리적 시간이 주는 효과를 무시할 수는 없다. 이러한 관점에서 B어르신에 대한 나의 경험은 종사자들이 시설의 입소노인 및 그 가족과 맺은 관계에 비하면 매우 제한적이다. 근속연수가 길고 담당 요양실이 주기적으로 전환되는 B노인요양원의 특성을 고려하면 더욱 그렇다. 참여관찰 당시 입소노인들의 평균 입소 기간은 1,107일로 3년 이상이었다. 요양보호사들은 대부분의 입소노인들 및 그 가족들과 관계를 맺고 이어오고 있었다. 이렇기 때문에 입소노인들의 안부도 요양보호사들 사이에서 이루어지는 대화의 주된 주제였다. 하지만 어르신이 나에게 보여준 미소와 이후의 관계 형성을 통해 B어르신과 나의 관계는 적에도 나에게는 일반적인 제한을 뛰어넘은 특별함을 구축하였다.

입소

B어르신의 건강 상태가 악화하자 어르신 딸은 자신이 잘 돌보고 있는지, 자신이 계속 어르신을 보살피겠다는 것이 욕심은 아닌지, 그 욕심 때문에 어르신이 더 고생하는 것은 아닌지 걱정되고 고민은 더 커졌다고 이야기하였다. 하지만 병원 입원은 고려하지 않았다. 딸은 '이

러다 어머님이 돌아가시겠구나.'라고 생각까지 하였고 집에서 임종을 지켜볼 생각을 하였다.

어르신이 앓고 있는 만성신부전증은 더 이상 치료가 불가능하다고 병원에서는 확인하였다. 뇌졸중 치료를 위한 병원 입원은 어르신과 보호자 모두에게 좋지 않은 경험이었다. 게다가 친척의 경험도 영향을 주었다. 자녀가 뇌종양에 걸린 친척이 있었는데 이 친척은 어느 정도 재력이 있었다. 뇌종양에 걸린 딸은 나이가 젊었다. 이러한 이유로 병원에 집중치료를 요청하였고 다양한 치료 방법을 시도하였다. 하지만 결국 병원 중환자실에서 죽음을 맞이하였다. 건강했을 때 50kg을 넘지 않았지만, 치료 과정에서 수액을 너무 많이 맞아서인지 임종 당시 100kg이 넘었다고 한다. 이후 그 친척은 병원에서 집중치료를 받다가 죽음을 맞이한 것에 대해서 후회한다고, 그래서 보호자에게 병원 임종을 반대한다고 말하였다고 한다. 그 영향 때문인지 딸은 더 이상 병원은 어르신에게 도움이 되는 장소가 아니라고 생각하였다.

작년 10월쯤에 상담을 진행하였던 B노인요양원 입소가 가능하다는 전화를 받고 시설입소를 결정하였다. B어르신은 시설 입소를 위해서 건강검진을 받아야 했고 당시 건강 상태를 고려해서 시설에서는 병원 입원을 권유하였다. 병원 입원 후 건강 검진을 받았고 검진 결과 헤모글로빈 수치가 낮아 수혈을 받았다. 입소 당일 B어르신은 자녀들(1남 1녀)과 함께 병원에서 시설로 입소하였는데 입소 당시 휠체어를 타고 있었다. 시설장은 입소상담을 진행하기에 앞서 나를 가족들에게 소개하였다. 입소상담은 이름과 나이, 고향 등 인적 사항을 어르신에게 먼저 물어보고 답을 확인하였다. 이를 통해 어르신의 인지 상태 등을 확인하였다. 확인된 질환은 고혈압과 만성신부전, 알츠하이머성 치매, 심방세동(Atrial Fibrillation) 등이었고 고관절 치환술 이후 보행에 어려움도 겪고 있었다.

생활과 관찰

병원에서 시설로 입소한 노인은 통상 2주 정도 관찰기간을 갖는다. 이 기간에는 하루 4차례(4시, 10시, 16시, 22시) 바이탈 사인을 측정하고 식사 시간을 활용하여 간호과에서 어르신 상태를 점검한다. 관찰기간 동안 '안정화'가 되면 요양실을 다시 배정한다.

B어르신은 입소 초기에는 안정된 모습을 보였다. 간호일지에 따르면 새벽 예불에 참석하고 식사도 다 드시고 휠체어 이동 시 스스로 발을 디디면서 이동도 잘 하셨다. 그러다 8일째에 '양손과 양발에 부종이 관찰되고 안색이 창백하다.'고 보고되었다. 11일째에는 '얼굴빛이 누렇고 호흡 시 몰아서 쉬었다 무호흡한다.'고 기록되어 있다.

어르신은 입소 후 15일이 지나도 건강 상태가 안정화되지 않아서 요양실을 변경하지 않았다. 16일과 17일에는 부종이 많이 빠졌다는 기록도 있다. 하지만 근본적으로 회복된 것은 아니었다. 22일째에는 '만성 신장염으로 인하여 손발 부종이 심하고, 간혹 호흡도 힘들게 하시며, 전신이 아프다는 표현도 하시므로' 외진을 다녀왔다. 그리고 이날 주보호자인 딸과 임종 돌봄 1차 상담이 진행되었다. 외진 다녀온 후 가져온 처방약에도 불구하고 건강상에 근본적인 변화는 없었다. 여전히 '양손 부종은 심하고 얼굴은 창백하고 호흡도 힘들게' 하고 있었다. 또한 이 시기에는 음식을 소화하기 힘들어하여 영양식을 먹거나 찬물, 두유, 식혜 등을 주로 섭취하였다. 그러다 34일째 날에는 처음으로 식사 후에 구토하였다. 그날 이후 같은 현상이 반복 기록되어 있다. 이날 주보호자인 딸 부부가 면회를 왔으며 시설장과 임종 돌봄 상담을 마무리하였다. 임종하기 이틀 전인 36일째에는 부종 정도가 (++)에서 (+++)로 악화되었고 호흡도 여전히 힘들게 하였다. 임종 돌봄 관련 전화를 받았던 날에는 0시부터 간호일지가 기록되어 있다. '깊이 잠을 못 주무시고 호흡을 힘들어한다.'는 기록이 반복되어 있다. 당일 오후에는 자동혈압기로는 혈압이 측정되지 않아서 수동혈압기로 측정하여 희미하게 측정된다고 기록되어 있다.

어르신은 통증으로 힘든 시기에도 인지가 양호하였고 분명하게 자신의 의사를 표현하였다. 「옆에 계신 어르신이 욕설을 하시니 떼를 쓴다면서 안타까워하심(21일째)」이라 기록되어 있다. 부종과 통증이 있었던 시기에도 「힘들어하시면서 본인 의사는 분명히 말씀하심(30일째)」, 「작은 목소리로 본인 의사 분명히 말씀하심(33일째)」라고 기록되어 있다.

임종 돌봄 상담

B어르신 임종 돌봄 상담은 총 3차례 진행되었다. 입소 후 22일, 34일에 임종 돌봄 상담을 하였다. 하지만 2차 상담 후에도 시설에서 요구하는 물품들이 아직 준비되지 않았고 장례식장과 상조 가입 여부, 장례의식, 사후의례 등도 정확하게 확인되지 않은 상태였다. 이러한 상태에서 어르신 건강 상태가 급격하게 악화되고 임종 징후가 보이자 임종 돌봄 상담을 추가로 진행하였다.

A어르신의 임종 돌봄 3차 상담이 있던 날, 나는 아침 8시 사무실로 이동 중에 시설장에게서 전화를 받았다. 어르신이 곧 임종 과정에 접어들 것 같다는 소식과 임종 돌봄을 지켜볼 생각이 있으면 오후에 오라는 내용이었다. 나는 지금 출근 중이니 바로 시설로 들어가도 될지 물어보았고 시설장이 허락하여 시설로 향하였다. 얼마 후 나는 시설에 도착하였다. 어르신은 아직 요양실에 있었고 보호자는 어르신과의 외출을 위해 시설로 오는 중이었다. 얼마 지나지 않아 주보호자가 시설에 와 임종 돌봄 상담을 추가로 진행하였다. 영정 사진은 집에 준비되어 있으니 어르신과 외출 이후 시설로 복귀하는 대신에 집으로 이동하여

가져오기로 하였다. 당일 밤에 어르신과 하룻밤 동행하는 것으로 이야기를 마친 상황이어서 주보호자는 다시 시설로 와야 하는 상황이었다. 또한 어르신의 '몸 바꾸심 옷'을 한복으로 제작하는 중이었고 다음 날 오후 3시에 보호자가 의뢰한 가게로 찾아가기로 되어 있었다. 이에 시설장은 현재 상황에서 그 시간이면 늦을 수 있다고 언급하고 제작이 마무리되면 제작업체에서 시설로 바로 전달하는 방법을 권유하였다. 보호자는 한복 제작업체에 전화해서 퀵서비스로 받기로 하였다. 이후 확인 결과 몸 바꾸심 옷은 당일 저녁 10시에 받았고, 다음 날 오전 9시에 어르신께 입혀 드렸다.

하룻밤 동행

B어르신과 가족은 임종 하루 전날 이별 시간을 가졌다. 어르신은 오후 5시 20분에 특별거실로 이동하였다. 같은 시간에 딸과 외손자가 시설에 왔다. 이때 임종 물품인 영정 사진을 가져왔다. 저녁 7시 40분에 어르신 사위와 외손녀가 시설로 왔다. 주보호자와 함께 온 외손자와는 눈을 마주치며 알은체를 하였지만, 사위와 외손녀는 알아보지 못했다고 한다. 특별거실에서 함께 시간을 보내다 8시 20분에 주보호자는 시설에 남고 사위와 손자, 손녀는 귀가하였다.

어르신과 함께 오후 2시경에 시설로 복귀한 나에게 시설장은 당분간 관찰할 일은 없다며 퇴근해도 된다고 하였다. 오후 6시에 시설에 다시 들어와야 하는지를 알려주기로 하고 전화가 없으면 별다른 상황이 없는 의미라고 하였다. 그러면서 지나가는 말로 다른 과정도 참관하고 싶으면 저녁에 언제든지 오라고 하였다. 나는 사무실로 복귀해서 다른 일들을 진행하면서 전화를 기다렸으나 6시가 넘어도 시설에서 전화가 오지 않았다. 당일 B어르신의 보호자가 어르신과 하룻밤을 동행하기 위해 온다는 것을 알고 있었다. 임종 돌봄의 한 단계로써 '임종 어르신과 가족의 하룻밤 동행'은 임종 돌봄에서 중요한 의미를 가진다고 생각하고 있었다. 나는 그 과정에 참여하고 참여관찰을 통해 그 의미를 확인하고 싶었다. 참여관찰 진행을 위해 시설장에게 전화를 걸었으나 전화를 시설에 놓고 외출 중이라는 소식을 들었다. 어떻게 할까 고민을 하다가 시설장이 다른 과정도 참관하고 싶으면 언제든지 와도 좋다고 이야기했고 당일 보호자와 어르신의 외출을 함께 한 사실을 고려해서 시설로 갔다.

시설에 도착했을 때는 8시 40분경이었다. 특별거실에 딸과 사위, 손자녀가 함께 있다가 딸만 남고 나머지 가족은 집으로 돌아간 상황이었다. 특별거실 밖 간호실에 대기하고 있다가 특별거실 밖으로 나온 보호자와 만났다. 보호자가 들어오라고 해서 함께 특별거실에서 시간을 보냈다. 특별거실에서 어르신 양옆에 앉아서 여러 이야기를 나누었다. 나는 연구주제에 대해서 이야기하였고 주보호자는 입소 과정과 어르신의 성격 등에 대해 이야기해 주었다. 어르신은 간간이 통증을 호소하는 듯이 인상을 찌푸리고 신음 소리를 내기도 하였다. 하지만 전반적으로 편히 잠을 청했다.

저녁 10시가 넘어서 시설장이 시설로 복귀하였고, 저녁 10시 기록을 확인한 후 나에게는 집으로 돌아가서 내일 전화하면 오라고 하였다. 어르신에게 휴식이 가장 필요하다고 판단하여 시설장이 이러한 지시를 한 것이라고 나는 후에 추측하였다.

임종 지키기

B어르신이 임종한 날에는 0시부터 바이탈 사인을 체크하였다. 새벽 시간 기록에 의하면 어르신은 깊이 잠을 자고 있었고 입술 부위에 발

견되었던 청색증이 5시 30분에는 옅어졌다. 보호자인 딸은 시설의 매뉴얼에 따라 새벽에 귀가하였고 시설에 다시 오는 시간은 오후 1시로 전달되었다. 그리고 어르신은 특별거실에서 요양실로 이동하였다. 전날 저녁 10시 바이탈 사인을 체크할 때까지 상황이 급박하지 않았기 때문에 시설장은 일반적인 매뉴얼에 따라 야간 간호사에게 바이탈 사인에 큰 변화가 없으면 보호자가 집에 다녀와도 된다고 언급하였다. 지시 내용에 따라 야간간호사는 주보호자에게 집에 다녀와도 된다고 언급하였다. 이에 대해 시설장은 자신이 판단하기에는 이미 임종 징후를 보였다고 설명하면서 조금의 아쉬움을 표시하였다. 청색증이 발가락에서도 보였고 호흡 등에서도 변화가 있었다고 한다. 시설장은 오랜 임상 경험을 통해 임종 징후를 판단하는 자신만의 노하우가 있었다. 생애말기와 임종 과정에 접어든 어르신들의 바이탈 사인과 신체적 변화를 관찰하는 노하우다. 시설장이 설명한 발가락 사이의 청색증은 다른 간호사들은 발견하지 못했다. 간호사 중 한 명이 나에게 "어제 청색증이 아직은 발견되지 않았다."고 설명하였다.

B노인요양원 간호일지에 의하면 8시 30분에 B어르신은 특별거실로 다시 이동하였다. 9시에 '몸 바꾸심 옷'으로 환복하였다. 10시에는 호흡이 28회, 한 번씩 얼굴을 찡그리고 신음 소리도 낸다고 기록되었다. 이후 30분 간격으로 호흡을 체크하여 10시 30분에는 호흡이 30-33회, 11시에는 32회로 기록되었다. 11시 10분에 시설장은 주보호자인 딸에게 빨리 들어오라고 전화하였다. 당시 내가 기록한 노트에는 시설장에게 전화가 온 시간이 10시 40분이었다. 이 당시 시설장은 나에게 "어르신이 임종 과정에 접어들었고 보호자에게는 1시까지 오라고 전했다."고 언급하였고 12시에서 1시 사이에 들어오라고 하였다.

12시에 호흡은 28회이며 호흡할 때 머리까지 움직인다고 기록되어 있다. 임종 징후로 가장 많이 언급되는 '턱호흡'이다. 12시 10분에 호흡은 24-26회로 기록되어 있고 시설장은 임종 의례를 시작하였다. 그리고 12시 22분에 어르신이 임종하였다. 주보호자는 불과 몇 분 차이로 임종을 지켜보지 못했다. 주보호자는 이날 시설에 남편이 운전한 차를 타고 왔는데 중간에 어디를 들러서 임종을 보지 못했다고 자책하였다. 하지만 임종 전후로 진행되는 임종 의례에 참석함으로써 그 죄책감은 덜어지는 것 같았다. 게다가 임종 전날 같이 보낸 하룻밤의 기억도 죄책감을 상쇄하는 것으로 보였다.

임종 의례

나는 12시 20분쯤에 시설에 도착하였고 지하 1층에서 간호과장을 만났다. 간호과장은 승강기를 기다리는 나에게 용건을 물었다. 내가 B 어르신 때문에 왔다고 말하자, 빨리 올라가라고 하였다. 어르신들의 상황에 대해 시설 종사자들이 공유하는 것처럼 보였다. 승강기를 이용해서 간호실에 도착하니 간호(조무)사들이 특별거실로 빨리 들어가라고 하였다. 가방을 간호실에 맡기고 특별거실로 들어갔다. 특별거실에 들어서자 시설장은 임종 의례를 진행하고 있었다. 어르신의 상황을 정확하게 알 수 없었지만 이미 임종한 상황으로 짐작되었다. 보호자는 내가 도착한 몇 분 뒤 도착하였다. 어르신이 이미 임종했음을 알고 있는 듯이 보였다. 보호자는 소리 내서 울지는 않았지만 큰 슬픔을 표현하고 있었다.

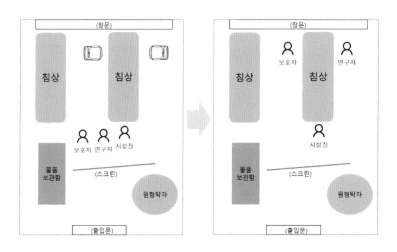

[그림 3] B어르신 임종 의례 자리 배치

보호자는 시설장 좌측에서 임종 의례에 참여하고 있는 내 옆에 서서 임종 의례를 함께 하였다([그림 3] 참고). '광명진언(光明眞言)'을 마지막으로 임종 염불을 마무리하고 어르신께 3배를 하였고, 특별거실의 자리를 재배치하고 나머지 임종 의례를 진행하였다. 이 과정에서 시설장은 임종자의 가족 중에서 남자가 앉는 자리에 나를 위치시키고 아들 역할을 부여하였다. 당시 현장에 보호자 가족은 주보호자인 딸 1명밖에 없었다. 주보호자는 어르신과 나의 인연을 생각해서인지 이를 받아들였다. 나는 어르신의 왼쪽에서 왼손을 가슴으로 움직였고 어르신 딸은 오른쪽에서 오른손을 가슴에 포개게 놓았다. 어르신의 포개진 두 손을 잡고 마음속으로 어르신께 인사를 하였다. 어르신이 주신 마지막 공양물(음료수)를 마신 다음, 시설상은 내가 아들과 같다고 인사할 기회를 주었다. 조금은 당황스럽고 어떤 이야기를 해야 할지 고민되었다. 대략 "어르신 가족들 모두 편하고 건강하게 지낼 테니 너무 걱정하지 마시고 편히 쉬시라. 그리고 나는 어르신과 맺은 인연을 생각하며 좋은 사람이 되고 좋은 논문 쓰도록 하겠다. 극락왕생하기를 발원하겠다."라고 전했다.

가족에게 전화하고 장례식장 등을 정하기 위해 보호자는 특별거실 밖으로 나갔다. 나는 특별거실에 남아서 어르신 턱이 벌어지지 않도록 수건을 잡고 있으면서 오랜 시간 어르신을 바라보았다. 보호자는 장례식장을 집에서 가까운 곳에서 할지 시설에서 가까운 곳에서 할지 고민하였고 가족과 상의 후 집에서 가까운 곳으로 결정하였다. 그사이에 보호자의 남편, 즉 어르신의 사위도 도착하였다. 장례식장이 결정되고 구급차가 도착해서 13시 50분에 운구하였다. 시설장과 돌봄 종사자들은 구급차가 시설을 떠날 때까지 어르신을 배웅하였다. 어르신 배웅을 마지막으로 노인요양원 업무는 공식적으로 마무리되었다. 턱호흡 단계에서 임종까지 오래 걸리는 분들이 있는데 B어르신은 그 시간이 오래 걸리지 않고 편하고 수월하게 돌아가셨다고 간호(조무)사들은 설명하였다.

■ 임종과 임종 돌봄에 대한 보호자들의 경험

보호자 가족에게 임종은 이전에 경험하지 못하고 예상하지 못한 사건이고 임종 돌봄은 그 과정이다. 이 때문에 임종 돌봄 서비스는 구체적으로 경험되지 않고 기억되지 않는다. 심층면담에서 보호자들은 임종 돌봄 서비스에 대한 질문에는 기억을 더듬으며 대답을 하였고 관련된 구체적인 평가를 듣기 어려웠다. 하지만 '임종'에 대한 질문에는 상대적으로 분명한 어조로 답을 하였다. 보호자들에게 '임종'은 예상하지 못했던 사건이며 관련된 사전 정보가 거의 없는 사건이어서 첫 경험이 주는 인상이 강렬했기 때문으로 추측된다.

전통사회에서는 가족과 가까운 친척들이 임종 과정에 참여하였다. 친척들은 임종과 장례 등 죽음의 과정을 함께하며 경험과 정보를 공유하였다. 하지만 죽음이 의료 영역에 포섭되면서 임종은 가족이 공유하는 죽음의 과정에서 분리되었다. 병원에서 임종을 맞을 경우 가족도 임종을 지키는 것이 어렵다. 오늘날 친척이 임종에 참여하는 경우는 거의 없다.

> 저는 못 봤는데 그리고 이제 장례식 때 이제 갔었고, 화장장에서 산소까지 다 가기는 갔는데 (임종은) 모르겠어요(D-3).

언론에서 흔하게 죽음 소식을 접하지만, 부모를 제외한 다른 사람의 임종을 경험할 가능성은 거의 없다. 가족이 축소되고 교류하는 친족의 범위가 줄어든 것이 주요 이유이지만 '죽음의 의료화'로 인해 임종 장소가 가정에서 병원으로 옮겨진 것 또한 주요 이유이다. 따라서 현대사회에서 임종은 인생에서 1-2회 정도 경험할 수 있는 사건이다. 내가 참여관찰 했던 두 사례의 보호자들도 '임종'은 처음이었다.

보호자 심층면담은 3명과 진행하였고 60대 후반 2명, 30대 후반 1명이었다. 30대 후반은 이번이 처음으로 겪는 부모님의 죽음이었다. 60대 2명은 모두 이전에 부모 중 한 명의 죽음을 경험하였지만 모두 병원에서 임종하였고 자신들은 임종을 지키지 못했다. 이 중 A어르신의 지인으로 '임종 지키기'를 함께 한 보호자는 아직 생존해 계신 모친의 임종은 꼭 지키고 싶다는 생각을 밝히기도 하였다.

> 아버님은 이제 아버님도 이렇게 보니까 요양병원에 계셨더라구요. 요양원인 줄 알았는데 요양병원이었더라구요. 그리고 돌아가신 다음에 연락이 온 거니까(D-3).

아버님은 오래전에 돌아가셨고, 임종을 못 봤어요. 어머님도 내가 임종을 봐야겠죠. 어머님은 살아 계세요(D-2).

처음 경험하는 '임종'은 실감하지 못하고, 당황스럽고, 정신없는, 아무 생각 없는 그 무엇 속에서 진행된다. 그리고 보호자들은 어르신의 죽음을 예상하고 있었지만 그 죽음을 바로 오늘 혹은 내일 맞이하게 될 것이라고는 전혀 생각하지 못했다.

사실 그때만 해도 "오늘 돌아가시겠어?"라는 생각을 했어요. 사실은… 이제 다들 그렇게 말씀해 주시니까. 아~ 상태가 좀 많이 안 좋아지신 것 같다. (중략) 실감은 전 아무래도 처음 겪어보는 거니까, 그때는 이제 지금 다시 생각이 나서 말씀드립니다. "설마 오늘 돌아가시겠어?"라고 생각을 했어요. 그랬던 것 같아요. 이제 저녁을, 기억나시죠? 저녁 먹고 올라오셔서 그때부터 약간 급하게 좀 상황이 돌아간 거죠. 그때부터는 약간 정신이 없었던 것 같아요(D-1).

이제 저기 돌아가실 거라고는 다 생각은 못 했죠. 그냥 이제 그냥 그러고서 이제 같이 옆에서 한두 시간 같이 있었나. 그러다가 그냥 간다고 또 올게요. 이러면서 간 건데 (침묵) 아니 저도 그냥 지금 생각을 하니까 이제 벌써 그날부터 돌아가실 그게 이제 준비를 하신 거구나. 이제 그게 지금 오니까 생각이 들었지. 그래도 이렇게 그냥 물론 금방 갈 거는, 갈 거라고 생각은 했지만, 그렇게 그다음 날 바로 가시리라고 진짜 생각을 못 했거든요(D-3).

전혀 생각하지 못했고 이전에 경험하지 못한 사건이더라도 관련된 정보를 일상생활에서 접할 수 있다면 불안감과 초조함, 두려움은 줄어들 수 있을 것이다. 하지만 임종이 일상의 삶에서 격리된 사회에서 임종은 일반적으로 사람들의 대화 주제가 아니다. 즉 임종은 더 이상 사회적으로 공유되는 주제가 아니라 사적인 영역으로 감추어야 하는 주제이다.

30대 후반의 보호자를 통해 이를 확인할 수 있었다. A어르신은 비교적 이른 시기부터 투병생활을 하였기 때문에 주변에 같은 어려움을 겪고 있는 동료들과 관련된 이야기를 나눈 경험이 많았다. 투병생활에 대한 이야기와 돌봄에 대한 이야기는 나누었지만 임종에 대해서는 이야기하지 않았다고 하였다. 사람들이 임종에 대해 묻지 않는 이유는 그런 상황을 접하지 못했기 때문이다. 임종을 경험하지 못해서 알지 못하고 알지 못해서 관심이 없다. 관심이 없는 임종은 대화의 주제가 되지 못한다. 하지만 A어르신의 보호자는 임종을 경험하였고 그 기억이 긍정적이기 때문에 이야기할 수 있다고 추측된다.

> 얘기하다 보면 주로 그런 분들하고 이야기를 많이 하게 되더라구요. 이제 보통 상황이 비슷하거든요. 한 5살에서 10살 정도를 레인지로 보았을 때 그분들이 나보다 나이가 많은 분들, 선생님 정도 되겠네요. 아무튼, 그 정도에서 부모님들이 이런 케이스를 겪은 분들이 많더라구요. 돌아가시거나, 좀 더 있다가 돌아가시거나. (중략) 돌아가시고 나서는 좀 뭐 그랬다. 그런 이야기를 했죠. 임종에 대해서는 자세히 이야기 안 한 것 같습니다. 사실 물어보지도 않고(D-1).

> 임종할 때 뭐 어떻다든지. 편히 가셨냐? 정도죠. 편히 가셨다, 그 정도. 저도 물어보지도 않고, 제가 그렇게 이야기를 하지요. 일찍 돌아가셨기 때문에, 돌아가시기는 했는데 그래도 편히 돌아가셨다. 제가 이 정도로만 말을 하는 상황이고. 그쪽에서 뭐 돌아가실 때는 뭐 힘드셨냐? 이렇게 물어보시지는 않더라구요(D-1).

편안한 임종이 가능한 인적·물적 환경에 감사함, "죽을 때 편히 죽는 건 오복(五福)의 하나다."

심층면담에 응한 보호자들은 B노인요양원에서의 임종 경험을 '편안한 임종'으로 기억하고 있었다. 임종 돌봄 과정 중에 경험했던 여러 일 중에서 기억에 좋게 남아 감사했던 서비스의 종류는 달랐지만, 시설에서의 임종은 편안한 임종이었다는 점은 같았다.

> 편하게 돌아가신 것 같습니다. 제가 다른 임종이나 돌아가신 분들을 본 적이 없어서. 비교할 순 없지만, 듣기로는 힘들게 가시고, 돌아가셨을 때, 되게 많이 얼굴이 일그러지시고 힘들게 돌아가신 분들이 많다고 들었는데, 적어도 그런 모습[힘든 얼굴]은 아니었던 것 같습니다. 그래도 힘드셨겠죠(D-1).

제가 생각할 땐 그냥 그래도 편하게 가신 거 아닌가. (중략) 그냥 편하게 별로 많이 고생 안 하시고 그리고 가신 게 그냥 그~ 다~ 그냥 어머니 복이고 어머니가 또 그냥 딸 하나 있는 거 또 위해 주시느라고 또 그냥 그렇게 고생하지 말라고 그렇게 가신 거 아닌가(D-3).

너무너무 편안하게 가셨죠. 마지막에 가시는 모습도 편안했고, 내 생각보다도 굉장히 편하게 가셨어요. 그 점은 다행스럽더라고. 가실 때는 아주 편하게 가셨어요. 그 점은 자신 있게 말씀할 수 있어요(D-2).

보호자들은 '편안한 임종'이 어떤 임종인지에 대해서는 구체적으로 설명하지는 않았다. 그렇지만 보호자들과 나눈 대화와 다양한 자료들의 내용을 종합하면 편안한 임종은 대략 4가지 요건을 갖춘 임종으로 정리된다. 첫째, 편안한 임종은 자연스럽고 통증이 관리되는 임종이다. 생명연장을 위한 인위적인 조치가 진행되지 않고 자연스럽게 죽음에 이르도록 한다는 점에서 편안한 임종이다.

좋았던 것 중에 또 얘기가 이거 왜 보통 딴 데 요양원 가면은 식사를 만약 안 하신다고 그러면 이거(콧줄) 다 꿴다고 그러거든요. 근데 여기는 그냥 자연스럽게 어차피 임종을 하실 분이면 그 자연사를 하실 수 있게 도와주는 거, 보통 딴 데서는 그렇게 잘 안 하는 거 같아요. 얘기가 그래 가지고 일단 요양원 들어가면 뭐 그냥 몇 년을 그냥 뭐 그렇게 한다, 어쩐다, 막 그런 얘기도 많이 하거든요. 그런 점이 또 많이 그래서 좋았던 것 같고(D-3).

임종 과정에서 발생할 수 있는 통증을 관리하는 것도 편안한 임종과 관련되어 있다. 임종 과정은 어느 정도의 통증을 동반한다. 보호자들은 시설에서 어르신의 통증에 반응하고 적절한 조치가 이루어지는 것에 만족하였다. 고통을 동반할 수 있는 생애 마지막 단계에 곁을 지켜봐 주고 보살펴 주는 돌봄 전문가들이 동행한다는 사실은 임종 당사자와 보호자들에게 불안과 두려움을 낮추고 편안함을 주는 요인이었다. 둘째, 편안한 임종은 가족 및 사회와의 유대가 유지되면서 맞이하는 임종이다. 보호자들은 어르신이 돌아가시기 전에 가족과 인사를 나눈 것과 생애말기에 접어들어서는 죽음을 예상하고 지인들과 작별 인사를 할 수 있었던 것에 고마워하였다. A어르신의 보호자는 같이 임종을 지키고 있는 나에게 임종 전에 어르신이 "죽기 전에 만나야 하는 모든 사람들과 인사를 나누었다."고 말하였다. 인지가 어느 정도 양호했던 A어르신에게 사회적 유대는 삶의 마지막 단계에도 유지되었다. 어르신의 죽음은 일상의 삶에서 격리되지 않았다. 이를 상징하듯 A어르신과 가족은 임종 직전 마지막 가족사진을 찍었다.

셋째, 경제적 부담이 적은 임종이다. 의료비에 관한 연구에서는 생애말기 의료비는 가족과 사회에 큰 부담이 된다는 점을 지적하고 있다.[19] 경제적 부담은 편안한 죽음을 가로막는 현실적인 요인이기도 하다. 보호자 면담에서 두 가족 모두 병원 진료비에 대해 언급하였다.

> 우리가 강남 일대 서울이든 지방이든 암 요양소를 많이 찾았어요. 특히 강남 같은 경우에는 보니까 암 환자들 대상으로 자기들 나름대로 치료한다고 하면서 환자를, 자기들이 소개를 하는데 우리가 옆에서 객관적으로 봤을 때 한 달에 보통 3천만 원씩 들어가더라고(D-2).

넷째, 편안한 임종은 마음의 부담을 정리한 임종이다. 나와 인연을 맺은 두 임종 어르신은 모두 불교 신도였다. 한 분은 임종 과정에 접어들기 전까지 새벽예불에 참여하였고, 또 다른 한 분은 천장에 법문을 붙여 놓고 바라보았다. 임종 돌봄 서비스를 위해 특별거실에 입실하면 독경 소리를 들을 수 있고, 시설장은 임종 어르신에게 걱정하지 말라며 불교 교리에 근거하여 사후 세계와 행동요령을 설명한다. 그리고 불교식 임종 의례가 진행되는 가운데 임종을 맞이한다. 또한 평상시에도 새

---

19) 한은정·황라일·이정석(2018). 「장기요양 인정자의 사망 전 의료 및 요양서비스 이용양상 분석」. 『한국사회정책』 25(1). 99-123.

벽예불 시간에 마음을 정리하는 기회를 갖는다.

> 그분이 독실한 불교 신자인데 마지막에 가족들이 큰스님 법문을 녹음해 가지고 와서 들려드
> 렸어요. 제가 알기로는 말을 못해도 마지막에 들을 수 있다고 들었습니다. 그래서 그런 독경을
> 마지막을 법문을 들으면서 가실 때 법문이 그분을 더 편안하게 가시는 쪽으로 도움이 되지 않았
> 나, 그런 생각이 드네요(D-2).

요컨대 B노인요양원에서 보호자와 내가 지켜본 임종은 통증이 관리
되고 가족 유대가 유지되고 경제적 부담이 적은, 그리고 어르신이 마음
의 부담을 내려놓고 삶의 마지막을 자연스럽게 마무리하는 편안한 임
종이었다.

가족에게 실질적인 도움의 손길이 되는 서비스,
"시스템적인 것도 많이 도움이 되기는 했죠."

보호자들은 시설에서 경험한 임종 돌봄 서비스에 만족하고 있었고
시설에 감사함을 표했다. 병원에서 임종을 맞이했거나 병원 밖에서 임
종을 경험한 사별가족이 겪을 수 있는 어려움을 생각하면 보호자들이
B노인요양원의 임종 돌봄 서비스에 높은 만족도를 보이는 것은 당연해
보였다.

이와 유사한 결과는 호스피스를 이용한 사별가족의 만족도 연구에서
도 확인할 수 있다.[20] 2017년 호스피스 이용 사망자의 사별가족 대상
만족도 조사결과에 의하면 전반적인 만족도는 97%로 2016년 조사결
과 93%보다 높게 나타났다. 이는 호스피스 등록 이전 암치료기관 이용
에 만족한다는 응답비율 69%보다 높다. 항목별 평가(100점 환산)를 세
부적으로 살펴보면, '호스피스전문기관서비스 이용'에서는 환자를 존중

---

20) 보건복지부·국립암센터(2019). 『2017 호스피스·완화의료 현황』.

하는 태도(90점), 환자 호소에 대한 경청(88점), 가족에 대한 도움(87.3점), 향후 계획에 대한 면담과 증상에 대한 신속한 대처(86.7점) 등에 대한 만족이 전반적으로 높게 나타났다.

보호자들은 자신들이 경험한 임종을 '편안한 임종'으로 기억하듯이, 임종 과정에서 경험한 임종 돌봄 서비스를 임종이라는 힘겨운 여정을 이겨내도록 '실질적인 도움의 손길이 되어 준 서비스'로 인식하였다. 임종 돌봄 서비스를 '좋은 서비스'라고 표현한 보호자도 있었고, 어떤 보호자는 임종 돌봄이 다른 노인요양원에서도 실천되어야 한다고 언급하기도 하였다.

임종 돌봄 서비스를 구성하는 여러 절차 중에서 도움이 되었던 서비스는 성별과 연령에 따라 달랐다. 보호자들은 자신에게 도움이 되었던 서비스를 '기억에 남는다', '고마웠다', '감동받았다', '좋았다'라고 표현하였다. 30대 후반의 남성 보호자는 "임종 지키기가 가장 기억에 남는다."고 하였다. 임종을 지키는 과정에서 간호사들이 지속적으로 도움을 주었고 독립된 공간에서 가족이 함께 임종을 지킬 수 있었기 때문이라 설명하였다.

> 그때 같이 있을 공간을 마련해 주신 게 참 좋았던 거 같습니다. 마지막에 이렇게 가족끼리 좀 있을 수 있고, 사진도 찍게 해주시고 그랬거든요. 그런 느낌이었어요(D-1).

> 간호사분들이 계속 와주시면서, 음료수도 주시면서, 뭐 어떤, 어떤 분들은 이렇게 돌아가시더라, 이런저런 이야기를 많이 해주셨거든요. 그런 것들. 물론 이제 그런 시스템적인 것도 많이 도움이 되기는 했죠. 사망신고서 뽑아주신 거라든지, 도움이 되기는 했죠. 미리 준비해 주신 것, 그런 것도 좋기는 했는데, 옆에 있어 주시면서 말해 주시고, 그런 것들이 더 기억은 남습니다(D-1).

60대 후반의 여성 보호자는 온 가족이 임종 어르신과 작별 인사를 나눌 수 있었다는 점과 임종 의례에 만족하였다. 특히 임종 의례에 대해서는 임종 어르신도 좋아하였을 거라고 추측하였다.

아무래도 임종을 (함께) 할 수 있어서 좋았고, 돌아가시기 전에 며느리랑 손주들 볼 수… 어떻게 보면 강력하게 말씀해 주셨다고 해야 되나. 그런 것도 있어서. 데리고 가서 와서 보고 한 건데. 그런 말씀을 하셨어요. 어쨌든 돌아가시기 전에 손주도 보고, 얼굴도 다 보고 가고 다행이다. [어머님이] 그 정도 말씀하셨던 것 같아요(D-1).

어머니는 그게[임종 의례] 고맙다고 생각을 하시더라구요. 그거에 대해서. 저는 어떻게 보면 크게는 안 다가왔는데, 그렇게 해주신 게 너무 좋았고. "아버님도 좋아하셨을 거다."라고 얘기하시더라구요. (어머님이?) 얘기 한번 하셨어요. 물론 저도 고맙게 생각하고 있고 하는데, 그때 당시에는 약간 정신이 없었던 거 같긴 해요(D-1).

또 다른 60대 후반의 여성 보호자는 임종 전날 어르신과 하룻밤을 동행한 것이 가장 기억에 남는다고 하였다. 사망 후에 처리해야 하는 여러 행정 절차를 수월하게 해결할 수 있었던 것도 도움이 되었다고 하였다. 심층면담에서 이 보호자는 자신과 상황이 매우 비슷한, 즉 자신과 동년배이고 부모님의 나이와 노인요양원에 거주하고 있는 것도 유사한 사촌 동생이 자신이 어르신과 하룻밤을 같이 보낸 것을 매우 부러워했다고 전했다. 이처럼 하룻밤 동행은 다른 노인요양시설에서 경험하기 어려운 서비스라는 사실을 확인해 주었다.

어머니랑 전날 같이 잔 거 그게 그래도 제일 좀 기억에 남고 딴 데하고는 조금 틀린 이런 시스템이었고, 그런 정도 같아요(D-3).

또 어머니 돌아가시고 나니깐 이제 예를 들어 하다못해 사망진단서 같은 것도 바로 거기서 해줄 수 있고 뭐 집에서 돌아가시면 뭐 경찰까지 오고 뭐 오야야 되고, 요양원에서 돌아가셔도 병원에 가서 뭐 또 다 해야 되고. 그런다는데 뭐 그런 절차상의 문제도 여기서 다 해결해 주시고 (D-3).

다른 측면에서 보호자들은 자신이 해야 할 일을 시설에서 가족처럼 대신해 준다고 인식하고 있었다. 집에서 임종하는 것이 힘든 세상이 되었기 때문에 어쩔 수 없이 집 밖에서 임종할 수밖에 없다는 인식이다. 이러한 현실에서 자신의 일처럼 돌봄 서비스를 제공하는 시설 종사자들에게 감사한 마음을 가지고 있었다.

> 가족이… 다 본인에… 본인이 다 해야 되는… 전통적으로 생각할 때는 이제 본인이 다 해야 된다. 자식 된 도리다. 하고 하는 게. 가면 갈수록, 사실 현실적으로 같이 사는 것도 아니고. 힘들어지는 세상이 왔잖아요. 그런 거를 어찌 보면 대행해 주는 건데. 그거를 어떻게 보면 상조나 이런 것도 마찬가진데. 본인이 생각할 때 내가 할 수 있으면 이것보다 더 잘해 줬을까? 그런 생각도 할 수 있을 것 같구요. 어쨌든 자기들만큼 잘 봐 준다. 그런 측면에서는 좋았던 서비스였던 것 같습니다(D-1).

누구에게나 죽음은 두려운 일이며 처음 겪는 임종은 더욱 그렇다. 무엇을 해야 하는지? 무슨 일이 일어나는지? 알고 있는 정보도 거의 없다. 힘들고 불안할 때 누군가의 도움은 큰 위안과 큰 힘이 된다. B노인요양원의 임종 돌봄 서비스는 급한 고비의 순간이나 누군가의 도움이 절실할 때 도움을 주는 손길처럼 받아들여진다.

부모님의 마지막을 존엄하게 만들어준 서비스,
"작별 인사를 하는 모습은 굉장히 감동적이었습니다."

보호자들은 시설 종사자들의 태도에서도 편안함과 감동을 느꼈다. 보호자들은 B노인요양원의 임종 돌봄 서비스가 체계적이고, 시설 종사자들은 오랜 경험을 바탕으로 임종 어르신과 가족들이 큰 불편함을 느끼지 않도록 완숙하게 서비스를 제공한다고 평가하였다.

> 그분들은 대단한 희생정신, 봉사정신, 그리고 또 시스템적으로 아주 잘 되어 있더라구요. 직

원들 교육도 잘 되어 있는 것 같고. 특히 원장 선생님이 대단한 열정을 갖고 일하고 계신 것에 대해서 내가 깊은 감명을 받았어요. 굉장히 놀랐어요. 자기 친형제도 아니고 자기 식구도 아닌데 그렇게 정성스럽게 돌볼 수 있다는 것은 그런 소명의식, 사명의식, 희생, 봉사정신이 남달랐다고 생각해요. 원장을 정점으로 해 가지고 팀장 이렇게 있지 않습니까. 이런 시스템적으로 잘 운영되고 있다고 봐지더라고(D-2).

보호자들에게 돌봄 종사자들은 어르신의 마지막 순간이 존엄하도록 노력하는 사람들로 기억되었다. 그들이 책임감 있고 헌신적으로 임종 돌봄에 임하고 있다고 생각하였다. 보호자들이 느끼는 임종의 편안함은 어르신이 존중받았다는 생각에서 더욱 강화되었을 것이다. 60대 후반의 남성 보호자(D-2)는 돌봄 종사자들이 어르신을 배웅하는 모습에서 큰 감동을 받았다고 하였다.

마지막으로 ○○○을 떠날 때 원장 이하 전 직원이 많은 직원들이 나와서 본인[어르신]하고 작별 인사를 하는 모습은 굉장히 감동적이었습니다. 누구 그렇게 해주겠어요. 마지막 앰뷸런스가 영안실로 모시고 가는 시야에서 보이지 않을 때까지 그렇게 고개를 숙이고 예를 다 표하더라고, 나는 굉장히 감동받았어요(D-2).

임종을 모두 마치고 구급차를 타고 어르신이 떠날 때 돌봄 종사자들이 작별 인사 하는 모습을 통해서 일상생활에서 생활 지원 서비스를 제공할 때에도 어르신께 예의를 다하고 정중히 예우했을 것으로 추측되기 때문이다.

[편안하게 임종하신] 아마 가장 결정적인 이유는 ○○○에서 정성껏 돌봐줘서 그런 게 아닐까라는 생각이 첫 번째구요(D-2).

연명치료에 대한 실질적 고민과 용기 있는 결정,
"이렇게 뭐 한 달을 더 살고 두 달을 더 살고 이러는 게
무슨 큰 의미가 있을까."

B노인요양원에서의 임종과 임종 돌봄 서비스에 보호자들이 만족하는 이유 중 하나는 그것이 자신들의 선택에 의한 것이기 때문이다. 병원에서 연명치료를 받을 것인지, 시설에서 자연스럽게 삶을 마무리할 것인지를 선택한다는 의미는 '삶이 기울어가는 마지막 단계에 어떻게 살 것인지를 결정할 권한을 의료 전문가에게 맡기지'[21] 않고 입소노인과 가족이 결정한다는 뜻이다. 대다수의 노인은 자신에게 익숙하고 편안한 공간에서 임종하고 죽음을 스스로 준비하고 수용하는 시간을 갖기를 원한다. 즉 임종 장소와 삶의 마감 방식을 스스로 결정하기를 희망한다. 하지만 우리 사회에서 이러한 결정권을 행사하는 노인과 그 가족은 그리 많지 않다. 마찬가지로 노인요양원 입소노인과 그 가족 또한 임종 장소와 삶의 마감 방식을 결정하지 못하는 경우가 대부분이다. 이에 반해 B노인요양원에서는 입소노인과 보호자들이 임종 장소와 삶의 마감 방식을 선택할 수 있었다.

A어르신과 B어르신은 임종 장소와 삶의 마감 방식을 선택한, 즉 자기 결정권을 행사한 사례이다. A어르신과 B어르신은 연령대와 성별은 다르지만 생애말기에 접어든 후 B노인요양원에 입소하였다는 공통점이 있다. 입소 후 얼마 지나지 않아 임종 돌봄 상담을 완료하였고 두 달 정도 시설에서 생활하다 임종 돌봄을 받고 죽음을 맞이했다는 공통점도 있다. 두 어르신의 보호자 모두 가정에서 임종하는 것을 고려했다는 공통점도 있다. 이는 '죽음'을 생각할 만큼 두 어르신의 건강 상태가 좋지 않았고 병원에서 임종하는 것을 원하지 않았다는 의미도 담고 있다.

---

21) Gawande, Atul(2015). 김희정 역. 『Being Mortal(어떻게 죽을 것인가)』. 서울: 부키. 200쪽.

A어르신은 말기 진단을 받은 이후 집에서 생활하였다. 원래부터 몸이 약해서 항암치료를 견딜 수 없다는 가족과 지인들의 판단도 있었지만, 집에서 돌봄을 제공하겠다는 배우자의 의지가 가장 크게 작용하였다.

> 어머니 생각이셨죠. 어머니가 어차피 그때 당시 작년 10월 말인가? 작년에 판정을 받았는데. 뇌까지 전이됐다 하셨어. 그때는 3개월, 짧게는 3개월 길면 6개월이라는 소리를 들었거든요. 사실 가족 중 의사가 있어서 정확하게 얘기를 해줘 가지고. 마지막은 집에서 보내시는 게 좋을 것 같다는 생각을 어머니가 하신 거죠. 어머니가 하셨어…. 그렇게 했습니다(D-1).

A어르신 배우자는 가정 임종에 대한 의지가 강했지만, 건강이 악화되는 상황에서 가정 임종을 포기하고 시설에서의 임종을 선택하였다. A어르신도 자신을 돌보며 점점 건강이 악화되는 배우자를 보면서, 그리고 시설에서도 차분하게 자신의 삶을 돌아보며 마무리할 수 있는 여유를 가질 수 있을 거란 생각에서 A어르신은 시설임종에 동의했을 가능성이 크다. 심층면담에서 확인하지는 못했지만, 어르신의 인지 정도와 간호일지에 기록된 시설에서의 생활과 발언을 고려하면 이러한 가족의 결정에 어르신도 동의한 것으로 추측할 수 있다. 즉 A어르신과 가족은 자기결정권을 행사한 결과로써 차분한 삶의 마무리와 마무리 장소로 B노인요양원을 결정하였다.

> 우리가 갈 수가 있는 곳이 요양원이나 요양병원이나 방금 말한 호스피스 병동 아니겠어요. 원래 호스피스 생각을 했었어요. 원래는 ○○ ○○병원을 생각했었어요. 근데 어~ 지금 ○○○은, 이 집안이 불교 집안이에요. 그날[49재] 와서 알겠지만, (중략) ○○○에서 운영하는 ○○○이라는 데가 있는 것을 알았어요. 우리가 그래 가지고 실제 가보니 좋더라구요. 그래서 우리가 그쪽에 가고자 했지(D-2).

B어르신은 1년 전부터 건강 상태가 악화되면서 보호자는 자신이 돌

보는 것보다 요양시설에서 돌봄을 제공받는 것이 더 나을 것 같다는 생각을 하고 시설을 알아보았다. 국민건강보험공단의 홈페이지에서 시설을 확인하고 시설에서 상담을 받고 대기 순서를 받은 시설이 여러 곳이었다. 그러다 어르신 상태가 급격하게 악화되었고 가정에서의 임종도 생각하였다.

6월 말에 이제 입소하시기 바로 직전에 한 일주일간을 딱 상태를 하루하루 이 상태를 딱 보니까 매일매일이 틀려지시는 거예요. 팍팍 그전까지는 그냥 요렇게 유지가 되셨는데, 하루가 다르게 막 상태가 딱하니까, 아 이게 집에서 이대로 한 2-3일만 계시면 그냥 돌아가실 것 같다는 생각이 딱 들었지요(D-3).

어르신의 임종을 생각하던 중에 B노인요양원에 입소하였다. 입소 과정에서 B노인요양원에서 임종이 가능하다는 사실을 알게 되었고 이후 임종 돌봄 상담을 진행하고 시설임종을 결정하였다. 이러한 결정은 근원적인 치료가 불가능하고 수명만을 연장하는 연명치료가 어르신에게 전혀 도움이 되지 않는다는 가치관에 근거하고 있다.

신장이 많이 안 좋으셨거든요. 신장이 안 좋아 가지고 한 1-2년 전 이럴 때부터 병원에 가면 많이 있을 때가 20%, 적을 때는 15% 이 정도밖에 기능을 못 한다고 그랬어요. 그래 가지고선 어디 종합병원에 가봐라, 어째라, 그래 가지고 그래 가지고선 가고 그랬어도, 나이가 있으시니까 어차피 투석밖에는··· 약도 이제 약을 줘도 이게 약도 신장에서 걸러져야 되기 때문에 좋은 게 아니잖아요. 그래 가지고선 약도 안 주고 그러더라구요(D-3).

병원에 가봤자 얼마간 기간을 약간을 일주일이고 한 달이고 그건 늘리는 것뿐이지 이게 고쳐지거나 좋아지거나 뭐 하는 그런 상황은 전혀 아니잖아요. 그러니까 이제 동생도 이제 제가 전화를 해 갖고 이제 지금 상황이 이런데 어떻게 하면 좋겠냐? 이제 막 그러고 물어봤더니 그냥 자연사 하시게 내비 둬라. 그게 제일 [어르신에게] 편하다. 병원에 가면 우선 일단은 안 잡수시니까 콧줄부터 낄 거란 말이에요. 콧줄 끼고 그다음에 링거 놓고 그러면 이제 좌우지간 그동안은 또 연명을 하실 거 아니에요. 그렇게 연명을 하셔요. 그게 뭐 본인한테도 그렇고 그냥 그럴 거 같다고 그래서 고민을 많이 하고(D-3).

사실은 그게 뭐 그런 상태에서 그 뭐 이렇게 뭐 한 달을 더 살고 두 달을 더 살고 이러는 게 무슨 큰 의미가 있을까(D-3).

뇌경색에 의해 두 번이나 병원에 입원한 경험이 있는 입소노인과 보호자에게 병원은 그리 좋은 곳으로 기억되지 않았다. 병원에 입원하면 콧줄 등 여러 기구기재를 해야 하고 당사자는 여러 불편함을 경험한다. 일상생활에서도 매일매일 혼자 힘으로 이동할 수 있는 거리가 짧아지고 작은 집에서조차 보행보조기에 의존하는 모습을 보면서 보호자는 자연스럽게 어르신의 죽음과 연명치료 등에 대해서 고민하였다. 그리고 입소 후 시설에서의 자연스러운 마무리를 결정하였다. 심층면담에서 보호자는 자신의 선택에 대해서 조금은 후회하는 듯한 말을 꺼내기도 하였다.

제가 보면 어떨 때 보면 좀 많이는 냉정한 거 같애요. 그런 면에서 차가운 거 같애. 그래도 뭐 이렇게 해도 그냥 더 살아 계시는 게 그래도 낫다고 뭐 주변에서들 모두가 그리고 얘기하고 막 그러는데 그냥 제 생각엔 그래요. 그러면 서로서로 불편할 거 같아요(D-3).

하지만 이러한 발언은 자신의 선택에 대한 후회라기보다는 시설임종과 자연스러운 삶의 마무리에 대한 주변의 시선에 대한 방어라는 측면이 더욱 강하다. B노인요양원에서 이루어진 B어르신의 임종에 대해서 B어르신의 딸은 '어머니 복', '자신을 위해 주신 것'이라고 긍정적으로 평가하였다. 그럼에도 불구하고 시설임종이 B어르신의 직접 판단이 아니라 대리 판단이란 형식을 취하고 있어서 주변의 비판에 대해 적극적으로 변론하기보다는 소극적으로 항변하는 것으로 추측된다. B어르신은 구체적인 문서를 남기지 않았지만, 가족은 임종 장소와 삶의 마감 방식에 대한 어르신의 의사를 추정할 수 있는 내용을 확인하였고 이를 위한 절차를 거쳤다. 이는 [그림 4]와 같다.

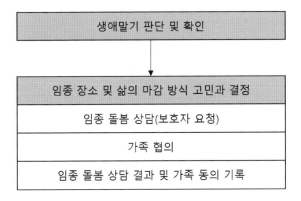

[그림 4] 임종 장소와 삶의 마감 방식 결정 절차

생애말기 판단 및 확인은 병원에 의해 이루어진다. 어르신의 진료를 담당한 의료진에 의해 어르신이 더 이상 회복이 불가능한 생애말기에 접어들었다고 판단되고 이 사실이 보호자에 의해 확인되는 시기이다. 이 시기에 접어들면 보호자 가족은 입소노인의 임종 장소와 마감 방식을 고민하기 시작한다. B어르신도 만성신부전에 대한 그 어떠한 치료도 불가능하다는 의료진의 말을 듣고 죽음을 생각하기 시작하였다.

B노인요양원 입소 후 고민은 더욱 구체화된다. 어르신과 가족의 가치관과 객관적 상황 등을 고려하고, 가족 협의 및 시설 상담을 거쳐 임종 장소와 삶의 마감 방식을 결정하였다. B어르신의 보호자는 함께 동거하는 시간 동안 어르신이 친척이나 친구 등에 대하여 한 의사표현, 병원에서 타인의 치료를 보고 보인 반응, 평소의 생활 태도 등을 참고하였다. 시설 상담을 통해 현재 건강 상태와 연명의료 과정에서 겪을 고통의 가능성, 어르신의 종교와 나이 등 객관적 사정도 확인하였을 것

이다. 그리고 가족과의 협의 과정도 거쳤다. 가족 모두가 연명의료에 의한 생명연장은 고통스러운 연장이라 생각하였다. 노인요양원 입소노인의 자기결정권의 대리 판단에 대한 명확한 규정이 없는 현재의 상황에서 대리의사결정으로써 충분한 판단이라 여겨진다.[22] 요약하면 B어르신 보호자에게는 어르신이 생애말기에 접어든 이후 함께 동거하며 어르신의 의사를 충분하게 확인했고 임종은 오래 고민한 주제였음에도 시설임종에 대한 결정은 용기가 필요한 결정이었다.

---

22) 최경석(2014). 「김 할머니 사건에 대한 대법원 판결의 논거 분석과 비판: "자기결정권 존중"과 "최선의 이익" 충돌 문제를 중심으로」. 『생명윤리정책연구』 8(2); 박종태(2019). 「연명의료중지에 관한 법원 판결과 제도화에 관련된 문제들」. 『대한의사협회지』 62(7).

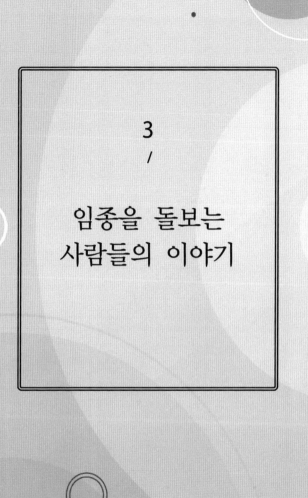

3
/

임종을 돌보는
사람들의 이야기

시설에서 제공하는 임종 돌봄 서비스에 대해서 B노인요양원 종사자들은 사람이 사람에게 제공할 수 있는 '최고의 서비스'라는 자부심을 지니고 있었다. 최고의 서비스라는 생각에는 '인생에서 딱 한 번 있는 일을 도와주는 서비스', '인생의 마무리를 동행하는 서비스', '어르신을 예우하는 서비스', '자연스러운 삶의 마무리를 위한 서비스'라는 인식이 포함되어 있었다. 오랜 경험으로 관련 서비스를 잘 제공한다는 자부심도 있었다.

인생에서 딱 한 번 있는 일을 도와주는 서비스: "아직 죽음을 경험해 본 사람은 없지 않습니까?"[23]

임종은 모든 인간이 당사자로서 단 한 번 경험하는 일이다. 시설 입소노인들도 죽음에 대해 알고 있고 자신에게 죽음의 순간이 얼마 남지 않았다고 생각한다. 하지만 입소노인들도 죽음을 경험하지 못한 사람으로서 다른 이들과 똑같은 두려움을 지니고 있다. 임종 과정에 접어든 노인의 경우도 마찬가지이다.

---

23) 러시아 속담으로 '아버지, 왜 죽음을 두려워하십니까? 아직 죽음을 경험해 본 사람은 없지 않습니까?'가 인용한 속담의 전체 문장이다.

평소에 그렇잖아. 아휴~ 내가 90이나 먹었는데 이러고 살아야 되나 빨리 죽어야 되지 않나. 이렇게 말씀하세요. 근데 죽음은 안 가봤기 때문에 다 무섭잖아요. 모르죠. 거 두려움이 어떤 두려움을 갖고 계시는지 아무도 모르잖아요. 사후체험, 임사체험 해 가지고 뭐 그 가셨다 오는 사람이 빛을 따라가야 되고. 그런 이야기들은 많이 하지만 안 가봤기 때문에 두렵잖아요. 사람이 그 모르잖아요(A-3).

B노인요양원 돌봄 종사자들은 어르신이 느끼는 죽음과 임종 과정에 대한 두려움과 불안감을 잘 인식하고 있었다. 자신들이 가지고 있는 지식과 경험을 활용하여 어르신이 가질 수 있는 정신적·정서적 두려움과 신체적 통증에 대한 두려움에 대응하였다. 마약성 진통제 패치로 통증을 관리하고 불교 교리에 기초한 죽음과 사후에 대한 설명으로 임종 노인이 느끼는 두려움에 대처하는 것이 그 예이다. 돌봄 종사자들은 어르신들이 임종 과정에서도 편안하게 지낼 수 있도록 돕는 것을 임종 돌봄 서비스라고 인식하고 있었다. 다만 노인요양시설이기 때문에 의료적 행위에는 한계가 있다. 이 때문에 시설은 병원 진료가 필요한 경우와 자체 내에서 해결 가능한 경우를 구분하여 어르신에게 도움을 주고 있었다.

인생을 변(變) 없이 살다가, 그 사람은 딱 한 번 있는 일이잖아. 그죠. 그 사람한테 한 번 있는 일인데. 왜 못 도와주냐고. 도와줄 수 있지(A-1).

코마에 안 빠지면 본인이 막 아프다고 해. 아프다고 할 때는 아프게 놔둘 필요 없죠. 그러면 이제 진통제 마약 패치가 있어요. 패치 하나 그거 붙여드리면 편안하게 계실 수가 있어요. 그게 훨씬 더 도움이 될 것 같으면 그렇게 해드리고 본인이 그런 걸 안 느끼면 그대로 내추럴하게 그대로 두는 게 좋지(A-1).

인생의 마무리를 동행하는 서비스: "우리는 인생을 동행해 주는 동행자로서 사는 거예요."

임종 돌봄에서 핵심 역할을 맡고 있는 시설장은 임종 돌봄을 "동행"

으로 정의하였다. 임종 돌봄을 현생(現生)에서 맺은 인연관계에서 동행하는 것, 다른 표현으로는 같이 호흡하는 것이라고도 설명하였다. 그래서 돌봄 종사자들은 임종 어르신과 그 가족에게 동행자이자 동반자이다.

> 일종의 마지막 스테이지 인생의 사업이잖아요. 우리는 인생을 동행해 주는 동행자로서 동반자로서 사는 거예요(A-1).

임종 어르신과 돌봄 종사자 사이의 동행은 임종 의례 과정에서도 확인할 수 있다. 임종 어르신이 불교 신자일 때, 시설장은 불교식 임종 의례를 직접 실행한다. 임종 의례의 의미와 절차, 내용에 대해 불교 신자인 어르신은 종교 프로그램을 통해 수차례 들어서 이미 알고 있다. 그럼에도 임종 과정에 접어든 어르신에게 시설장은 다시 한번 이를 상기시킨다.

> 그럴 때는 어르신한테 ○○○어르신, 이제는 에너지가 거의 다 탔으니까 인로왕보살님이 모시러 오면 아미타 궁전으로 가시기에 마음을 잘 모시고 이 목소리 기억을 하세요. 그랬다가 내 목소리 잘 들으시고 염불 소리 들으시면 아~ 인로왕보살님이 오신다 하시고 생각을 하시고 손을 잡으면 놓지 마시고 다른 잡음은 듣지 마세요. '그렇게 하겠다.'고 했다고. 그런 걸 이제 얘기를 해요. 하면은 어르신이 그렇게 하겠다고(A-1).

임종 돌봄 서비스에서 임종 어르신과 종사자 사이의 동행이 가장 눈에 띄었다. 하지만 임종 돌봄 서비스에서 임종 어르신과 가족의 동행, 돌봄 종사자와 가족 사이의 동행도 중요하게 인식하고 있다. 임종 과정에서 B노인요양원은 임종 어르신과 보호자들에게 함께 있다는 사실을 알려주려고 노력하였다. 동행은 임종 과정에서 겪을 수 있는 다양한 감정들을 돌보는 효과가 있다. '하룻밤 동행'에 대해 시설장은 임종을 준비하는 어르신과 보호자가 호흡으로 서로의 존재를 느끼는 시간이라고 설명하였다.

'임종 지키는 자식이 진짜 자식이다.'라는 속담은 의학 기술이 현재처럼 발달하지 못해 임종 예측이 어려웠던 과거에 만들어진 속담이다. 현대의 의학 기술로도 매우 적확하게 임종 시간을 예측하기는 어렵다. 하지만 대강의 임종 시간 예측은 가능하다. B노인요양원은 오랜 임상 경험을 기반으로 비교적 정확하게 임종 시간을 예측하고 예측된 시간에 맞춰 임종 돌봄 서비스를 제공한다. 그렇지만 모든 보호자가 임종 어르신과 하룻밤을 보내거나 임종을 지키는 것은 아니다. 임종 시간과 보호자들의 거주 지역, 직업, 업무 시간, 회사 사정 등 다양한 요인이 영향을 준다. '죽음은 아직은 멀리 있다.'라는 생각도 여러 요인 중 하나이다. 보호자들도 임종 돌봄 상담을 완료한 시기에는 어르신이 '곧 돌아가실 수도 있겠다.'라는 생각을 한다. 하지만 '죽음에 대한 생각'과 '죽음을 실감하는 것'은 다르다. 죽음의 상황을 실제 직면한 경험이 거의 없어서 죽음은 구체적이지 않고 막연하다. 그 때문에 B노인요양원은 하룻밤 동행과 임종 지키기를 머뭇거리는 보호자에게 임종 어르신과 시간을 함께 보낼 것을 강하게 권유하기도 한다. 이러한 권유를 받고 시설에 오는 사례도 있다고 한다.

임종 과정에서 돌봄 종사자와 보호자도 동행하는 관계가 된다. 임종 어르신의 바이탈 사인 측정은 마지막 호흡을 하는 순간까지 계속된다. 측정 간격도 점점 짧아진다. 이때 간호(조무)사는 어르신을 관찰하면서 동시에 가족의 질문에 답을 하는 등 가족 지원 서비스도 함께 수행한다. 보호자 중에서는 비교적 나이가 어린 B어르신의 아들은 이때의 지원 서비스에 고마움을 표했다. 죽음을 맞이하는 순간의 두려움만큼이나 임종 과정을 지켜보는 시간도 두렵다. 임종 증상에 대한 지식이 부족한 보호자들은 어르신의 작은 움직임에도 큰 의미를 부여하거나 크게 반응한다. 이럴 때 자신의 작은 질문에도 답을 해주는 존재는 큰 도움이 된다. 단지 옆에 누군가 있는 것만으로도 도움이 되는 시간이 있다. 그 누군가의 역할을 B노인요양원에서는 돌봄 종사자들이 담당하고 있다.

어르신을 예우하는 서비스:
"나는 사망 시까지 살아 있는 인간으로서 대우받을 권리를 갖고 있다."[24]

참여관찰 과정 중에 만난 요양보호사 중 한 명은 임종 돌봄 서비스를 '종사자들이 예우를 다하여 깍듯하게 어르신이 임종할 수 있도록 돕는 것'이라고 설명하였다. 예의를 다해 정중하게 어르신을 대우하는 것은 몸과 마음을 어르신의 뜻에 따라 편안하게 돌보는 것이다. 임종 과정 중 몸을 편안하게 하려고 특별거실에 모시고 간호(조무)사들이 자주 살피고 마음을 헤아려 안정을 도모한다. 그 때문인지 돌봄이란 단어 외에도 '수발'이라는 단어를 사용하기도 하였다. "이제 마지막에 우리가 수발을 하는 거예요."라며 간호팀장은 어르신들이 자신의 인생을 편안하게 마무리할 수 있도록 마지막까지 수발하는 것을 자신들의 일이라고 설명하였다.

> 전부 다 내가 원하는 대로 해주는 게 가장 좋은 방법이거든. 아무리 이게 좋다 해도 지가 싫으면 안 되잖아. 내가 좋아야 하는 거거든. 내가 좋은데 전문적인 걸 모르니까 우리는 그걸 조금씩 조금씩 서포터 해주는 것뿐이에요(A-1).

---

24) 『마지막 여행』(2009, 프리뷰)에 실린 '말기 환자의 권리장전' 중에서 발췌하였다. '말기 환자의 권리장전'은 사우스웨스턴 미시간 연수교육위원회의 후원으로 아벨리아 J. 바버스가 주도해 미국 미시간주 랜싱에서 1975년에 열린 '말기환자와 그들을 돕는 사람들'을 주제로 한 워크숍에서 채택되었다(Callanan, 2009: 347).

시설장은 임종 돌봄을 다른 표현으로 '안온(安穩)한 관리'라고 표현하였다. '안온한 관리'라는 단어 그대로 B노인요양원의 임종 돌봄은 '조용하고 편안한 돌봄'이라는 의미이다. 그래서 임종 어르신이 원하는 것은 거의 대부분 수용하였다. 임종 돌봄 과정에서는 임종 노인이 원하는 것을 해드려야 한다는 원칙을 가지고 있다. 앞에서 언급한 예우한다는 의미를 담고 있다.

> 마무리 케어[임종 돌봄]를 할 때는 본인이 원하는 대로 내가 뭐 예를 들어서 김치 국물에 밥 말아 먹고 싶다, 그러면 다른 선생님들 기겁해요. 저걸 어떻게 저걸 잡수세요? 그래도 잡수세요. 그게 우리 삶의 에너지라는 거. 내가 원하는 대로 케어를 해주는 게 제일 이상적인 케어예요. 하기 싫은 거 억지로 하라고 하면 불편하잖아요. 똑같아요, 누구나. 내가 현재 가지고 있는 에너지가 필요로 하는 대로 해드린다. 현재에 이 시간에 내가 할 수 있는 거를 최선을 다해서 해주는 게 가장 잘 사는 방법이라고 생각하기 때문에 그렇게 맞춰서 하는 거예요(A-1).

> 내가 싫어하는 거를 하면 안 되지. 어떤 경우든지, 했잖아. 어르신들도 싫어하면 드리는 거 절대로 드리면 안 돼. 저런 상황에서도 표현해서 뭐를 달라 하면 드려야 돼요. 그 잡수고 금세 돌아가시더라도. 그렇게 하는 게, 제일 좋다는 거예요. 내가 원하는데 내가 하고 싶은 대로 해주는 게 제일 좋은 거지(A-1).

안온한 관리를 위해 시설에서는 어르신의 성격과 기호 등을 파악하기 위해 노력한다. 어르신의 말에 귀를 기울인다. 생애말기와 임종 과정에서의 돌봄 방식과 완화의료에 대한 생각, 임종 장소, 장례 방식 등 사후에 대한 내용도 파악한다.

> 주보호자들한테 의견을 개진을 해서 평소에 어르신 캐릭터가 어떠했나, 초기 상담할 때 입소할 때 다 물어보지. 다만, 그래도 또 이럴 때는 어머니가 어떻게 표현했나? 예를 들어서 나는 만약에 못 먹게 되면, 그대로 둬라. 아이들 병원에 가서 이게[콧줄] 뽑아래(A-1).

입소상담 때에도 어르신의 건강 상태 등도 확인하지만 평소에 좋아했던 것들과 성격에 대해서도 확인하였다. "진단서에 기재되어 있는 내용 이상의 것을 파악하기 위해 노력한다."고 시설장은 언급하였다. 이 때문에 시설장을 포함하여 돌봄 종사자들은 어르신과 자주 대화하였다.

자연스러운 삶의 마무리를 위한 서비스: "낙엽은 뿌리로 돌아간다."[25]

임종 과정에서 어르신 마음을 헤아려 예의를 다해 보살피는 이유는 죽음의 과정에서 어르신들이 제대로 대접받지 못하고 있다는 생각도 영향을 주고 있다. 시설장은 "사람들은 자신이 속한 사회구조에서 죽음을 맞이한다."고 설명하였다. 현재 어르신들이 맞이하는 죽음은 한국의 사회구조를 반영하고 있다는 것이다. 이러한 인식은 보부아르(Beauvoir)가 『노년: 나이듦의 의미와 그 위대함』에서 "사회적 상황은 죽음과 노인의 관계에 영향을 미친다."라고 한 명제와 같은 의미를 담고 있다.[26] 한국사회에서 어르신들이 맞이하는 사회적 상황을 시설 종사자들은 '죽음의 의료화'와 '죽음에 대한 거부'로 설명한다.

> 임종을 앞둔 어르신을 중환자실에 모시니 산소호흡기에 주사 맞고 그런데 돌아가시냐고. 그러니까 아무 말씀 한마디 못 하고 아무 의미도 없는데 한 달을 그렇게 하는 거예요, 한 달을. 그러니까 과연 그렇게 하는 것들이 맞겠느냐? 지금은 이제 연명법에 의해 가지고 안 해도 되게 돼 있잖아요. 산소호흡기, 심폐소생 안 하고 뭐 그런 거 안 하고 돼 있지만 옛날에는 다 했어야 되거든. 무조건 들어가면 해야 되거든요. 병원에 입원하면. 병원에서도 그런 환자가 왔는데 아무것도 안 해주고 돈을 받을 수는 없으니까. 다 한 거야. 마지막까지 산소호흡기에 수액 달고 그렇게 모시고 있는 거예요. 안 그러면 집에 가라고 그러는데. 가면은 자기네들이 모시고 갈 데가

---

25) 법정의 에세이집 『버리고 떠나기』(1993, 샘터) 중 「낙엽은 뿌리로 돌아간다」에서 인용하였다. 이 문구는 중국 속담, 수고천장 낙엽귀근(樹高千丈 落葉歸根: 아무리 큰 나무라 할지라도 낙엽은 떨어져 거름이 되어 뿌리로 돌아간다)에서 유래한 것으로 짐작된다.
26) Beauvoir, Simone de(2002). 홍상희·박혜영 역. 『La Vieillesse(노년: 나이듦의 의미와 그 위대함)』. 서울: 책세상. 613쪽.

없는데. 집으로 가서 할 수가 없잖아요. 임종을 할 수가 없어요. 그니까 병원에서 임종을 해야만 진단서가 나오기 때문에 다 병원에 가는 거예요. 죽기 전에. 다 가는 거라고(A-2).

'죽음의 의료화'는 병원에서 사망하는 비율이 높은 우리 사회의 죽음 현실을 묘사하고 있다. 「2018년 출생·사망통계 잠정결과」에 의하면 전체 사망자의 76.2%가 의료기관(병의원, 요양병원)에서 치료 중에 생을 마감하고 있으며 이 수치는 지속적으로 증가하고 있다(통계청, 2019c: 15).

병원 내 사망 그 자체가 문제는 아니다. 하지만 의학적 치료 과정에서 보내는 생의 마지막, 즉 치료 중에 맞이하는 죽음은 가족 및 사회와 격리되어 있다는 한계가 있다. 노인요양원에 거주하다가 임종이 가까워져서 병원으로 이송된 입소노인들이 맞이하는 죽음도 비슷하다. B노인요양원의 임종 돌봄은 어르신들이 '의료 공간'에서 죽음을 맞이하지 않고 가족 유대 안에서 죽음을 맞이할 수 있도록 돕는 일이다. 또 다른 측면에서 임종 돌봄 서비스는 연명치료 과정에서 발생하는 불편함을 겪지 않도록 돕는다는 의미도 있다. 연명치료를 위해 비위관 등 다양한 의료 기구를 신체에 삽입하고 다양한 검사가 반복된다. 이 과정에서 임종 노인과 보호자 모두 불편함을 경험한다. 보호자에게는 경제적인 요인도 큰 부담이다. 시설에서는 임종 과정에 있는 노인과 그 가족이 겪을 수 있는 다양한 불편함을 이해하고 어떠한 요청이든 되도록이면 도와주기 위해 노력하였다. 그래서 병원에서 더 이상 치료가 어렵다는 진단을 받고 임종을 위해 재입소를 희망하는 경우에도 B노인요양원에서는 이를 허용한다. 돌봄 종사자들은 이와 유사한 사례들을 나에게 이야기해 주었다.

무의미하다고 생각하는 거죠. 왜냐면 가서 이미 다 망가졌기 때문에 안 되는 거예요, 치료가. 그리고 호전이 안 되는 거예요. 약을 써도 호전이 되면 되는데 안 되는데 뭐. 폐렴이어서 갔는데 도저히 호전이 안 되는 거예요. 일주일 있다가 돌아오셔 가지고 일주일 있었나? 얼마 있었나. 그리고 돌아가셨거든요(A-3).

호스피스 때문에 오시는 분들 계세요. 왜냐면 돌아가실 때 너무나 형편없이 막 진짜 노숙자처럼 막 그냥 주렁주렁 달고 와요. 목욕 한번을 못 하고 그냥 몇 달 동안 그냥 병원에 계시다가 돌아가시는 경우가 있거든요. 얼마나 형편이 없어요. 근데 여기서는 그나마 일주일에 한 번 꼬박꼬박 목욕시켜 주고 아프면… 돌아가시기 전에도 이렇게 해서 마무리를 해드리거든요. 그러니까 오히려 그것 때문에 너무너무 고마워하시는 분들이 많으세요. 그래서 오시는 분들, 소문 듣고 오시는 분도 있으세요(A-3).

　　예비조사 과정에서 만났던 어느 시설장의 지적처럼 어떤 죽음이 존엄한 죽음인지는 우리는 당사자가 아니기 때문에 알 수 없다. 하지만 개인의 가치관에 따라서는 인위적으로 며칠 혹은 몇 주 동안 삶을 연장하는 것이 임종 당사자의 삶에 그 어떠한 기여를 하지 못한다고 생각하는 사람들도 있다. 이러한 가치관을 가진 사람들은 근본적인 치료가 불가능한 순간에 이르면 자연스러운 마무리를 선택하고 이를 위해 삶을 정리하는 것이 더욱 의미 있는 삶이라고 여긴다.

　　B노인요양원처럼 독립된 공간에서 임종 어르신과 가족이 함께 하룻밤을 보내고 임종을 함께 지키는 삶의 마무리가 입소노인과 보호자의 삶에 기여한다고 돌봄 종사자들은 확신하고 있었다. 특히 보호자들에게 어르신의 임종은 어르신에 대한 좋은 기억과 아름다운 추억이 될 수 있다. 임종 어르신도 가족과 함께 호흡하면서 편안한 마음으로 죽음을 맞이할 수 있다.

　　죽음을 둘러싼 또 하나의 사회적 상황은 '죽음에 대한 거부'이다. 죽음의 의료화라는 흐름과 별개로 우리 사회가 경험한 근대화 과정에서 죽음에 대한 부정적 생각이 강화되었다는 설명이다. 일제강점기와 한국전쟁 등을 거치면서 자연스러운 죽음보다는 부자연스러운 죽음을 경험하였고 그러한 경험에서 죽음에 대한 부정적 인상과 죽음을 거부하는 문화가 만들어졌다는 의미이다.

사회의 변천과 문화의 변천에 따라 가지고 이 죽음이 공포 시 되고 막 경외 시 되고 이런 거는 36년 일제하에 있으면서 학살 막 기타 등등 전쟁을 통해 가지고 그런 죽음을 봐왔기 때문에 아마 죽음을 아름답다고 생각 못 하고 무섭고 더럽고 불편하다, 가끔 이렇게 생각하시는 분들이 계신 것 같아요(A-1).

B노인요양원은 변화된 죽음 문화 속에서도 자연스럽게 생로병사를 수용할 수 있도록, 그리고 임종 과정이 편안한 과정이 될 수 있도록 임종 돌봄 서비스를 실천한다. 죽음과 늙음을 수용해야만 이제 곧 죽음을 앞두고 있는 어르신을 존중할 수 있다. 그 존중의 마음으로 원하시는 것을 서비스한다. B노인요양원은 노화와 죽음은 누구에게나 발생하는 자연현상이라는 사실을 인정한다. 시설장은 요양보호사들과 간호(조무)사 등 종사자들에게도 생로병사는 인간이면 누구나 겪는 자연스러운 과정이며 두렵거나 무서운 현상이 아니라고 교육한다. 실제 돌봄을 제공하는 주체로서 노화와 죽음에 대한 인식이 돌봄에 영향을 주기 때문이다. 교육 내용은 불교적 교리에 기초한 철학적 내용, 오랜 임상 경험에 기초하여 노인의 상태와 임종 징후를 이해하는 방법, 그리고 그에 대한 대처법이다.

인간이 태어나서 생로병사 과정을 겪어가고, 가는 길까지 우리가 아름답게 살다가 마무리도 자연으로 가는데, 그야말로 아주 자연스럽게 가자, 이렇게 하는 목적으로 이제 이거를 해 가지고 호스피스를 하는 거예요(A-1).

나는 그런 거를 안 받고 그야말로 자연사 노화를 생로병사에서 마지막으로 사(死)가 되면 나는 여기서 그냥 그대로 밥을 드시면 드시고 못 드시면 못 드시는 대로…(A-3).

그렇게 해야 그거를[죽음] 자연스럽게 바라봐야지, 그게 무섭다 터부시되고 그러면은 자연현
상인데 안 되잖아요. 색깔이 변할 때는 아이고, 오늘 푸른색이 됐구나. 꽃이 피는구나. 꽃이 피
면 꽃이 피는 대로 보지, 꽃이 피는 거 보고 꽃이 아니다 하고 부정하면 안 되잖아요. 그런 것처
럼 똑같아요. 있는 그대로를 보고 느끼고 현재 일어나는 현상들을 관리를 한다(A-1).

B노인요양원은 시설임종이 아닌 다른 선택도 존중한다. 임종 과정에
접어든 이후 병원 진료를 희망하는 경우도 있다. 이는 개인의 가치관을
반영하는 선택이기 때문에 시설에서는 임종 돌봄 상담에서 모든 보호자
들의 동의를 요구한다. 임종 돌봄 상담을 완료하였더라도 가족 중 한 명
이라도 다른 선택을 한다면 시설에서는 병원 진료와 이송을 요청한다.

임종 돌봄 서비스도 시설의 공식 업무

B노인요양원 시설 종사자들은 임종 돌봄 서비스를 시설의 공식 업
무로 인식하고 있었다. 이는 다른 노인요양원 종사자에게서는 발견하
기 어려운 것이다. 일반적으로 노인요양시설에서 입소노인이 임종한
경우는 시설 종사자들이 인지하지 못한 사이에 진행된 임종, 사고 등에
의한 갑작스러운 죽음, 보호자의 요청에 의해 진행된 임종 등 세 가지
이다. 세 번째 유형에서도 임종을 앞둔 어르신을 특별침실이나 1인실
로 옮기는 것이 전부이다. 시설에서의 임종은 공식적인 업무 밖의 이례
적인 일이기 때문이다.

하지만 B노인요양원에서 임종 돌봄 서비스는 시설의 공식 업무이며
돌봄 종사자들이 공유하고 있는 절차와 방식, 즉 매뉴얼이 존재한다.
이 매뉴얼은 활자화된 문건으로 존재하지는 않았지만, 시설의 임종 돌
봄 서비스 프로그램이 체계적으로 정리되어 시설의 종사자들은 공유하

고 있었다.

우리 시설에서는 FM(Field Manual)대로 돌아가시는 어르신들이 주로 많으세요. 집중적으로 관찰을 하니까. 그런 어르신들은 다 그렇게 가세요. 아름답게 가세요(A-4).

"FM대로 돌아가시는 어르신들"이란 문구는 B노인요양원 시설 종사자들이 공유하는 임종 돌봄 매뉴얼이 존재하고 있음을 보여준다. B노인요양원 내부 자료인 「사망자명단」을 간호팀장과 함께 검토하는 기회가 있었다. 자료를 검토한 당일까지 2019년에 사망한 총 인원은 29명이었고 이 중 26명이 임종 돌봄 상담을 완료하고 임종 돌봄 서비스를 제공받은, 즉 "FM대로 돌아가신 어르신"들이었다. 간호팀장이 언급한 매뉴얼은 현재의 B노인요양원 이전의 유료노인요양원 때부터 약 20년 동안 진행되었던 임종 돌봄 서비스 경험이 축적된 결과이다.

임종 돌봄 관련 내용은 교육을 통해 돌봄 종사자들에게 수시로 전달된다. 하지만 임종 돌봄은 죽음과 연관되어 있어서 개인 성향에 따라 관련 업무를 담당하지 못하는 사례도 있다. 돌봄 종사자 대부분은 처음 죽음을 경험했을 때 무서움과 두려움을 느꼈다고 이야기하였다. 경력이 쌓일수록 그러한 두려움은 줄어들지만 모든 사람이 동일하지 않다. 어떤 요양보호사는 임종 돌봄 서비스에 대한 두려움을 시설장에게 전달하고 관련 업무에서 빠진 경험을 이야기하기도 하였다.

임종 돌봄은 시설의 공식 업무인 만큼 임종 돌봄을 주로 담당하는 관련 팀이 있었다. 시설의 공식 조직도에 나와 있지는 않지만, 임종 과정에 접어든 어르신이 특별거실에 입실하고 그곳에서 임종하기 때문에 특별거실이 위치한 층의 돌봄 종사자들이 주로 관련 업무를 담당하고 있었다. 특별거실에 임종 어르신이 입실하면 관련 업무는 해당 층의 돌봄 종사자들에게 부여된다. 간호 인력은 주기적으로 어르신 상태를 체크하여 시설장에게 보고하고 보호자 가족의 질문에 답을 하고 요구하는 것을 들어준다. 해당 층의 간호팀장은 시설에서 수석 간호팀장이란 직책을 가지고 있었고 간호과장을 대신하여 전체조회를 진행하는 경우도 있었다. 특별거실 바로 옆에 위치한 요양실 담당 요양보호사들도 어르신 환복과 입실 및 퇴실할 때 청소와 정리 등의 업무를 담당하였다. 또한 이들은 보호자가 없는 경우에는 교대로 어르신 곁에서 '함께 있는' 역할을 담당하기도 한다. 시설의 다른 종사자들도 해당 층의 종사자들이 다른 층보다 힘든 업무를 맡고 있다고 생각하고 있었다.

"그걸 우리는 하려고 노력하는 사람이니까."

B노인요양원 돌봄 종사자들은 임종 돌봄 상담이 완료된 후부터 임종 돌봄 서비스 관련 책임이 시설(과 돌봄 종사자)에 귀속된다고 생각하고 있었다. 간호팀장은 임종 돌봄 서비스를 "보호자의 일을 대신 맡아서 우리가 끝까지 임종할 때까지 케어하는 것"이라고 표현하였다. 대부분 돌봄 종사자는 임종 돌봄 서비스에 책임감을 크게 느끼고 있었고 헌신을 다하고 있었다. 이때의 책임은 어르신과 가족에게 이별 시간을 마련하고 임종 과정에서 어르신이 불편함 없이 편안하게 임종하는 것에 집중되었다.

> [임종 돌봄 상담이 완료되면] 그다음에 저희들 손에 달려 있는 거예요. (중략) 체크를 하다 보면 보여요. 라운딩을 쭉 하다 보면, 좀 이상하다 생각되면, 집중적으로 관찰하고 케어를 해드리다 보면(A-4).

임종 돌봄이 가족의 일을 대신한다는 생각도 책임감의 바탕이 된다.

전통사회에서 임종 과정에 접어든 노인은 정침(正寢, 안방이나 사랑채)으로 옮기고 깨끗한 옷으로 갈아입히고 자식들은 임종을 지켰다. 이를 고려하면 B노인요양원의 특별거실은 정침과 같은 공간이며 돌봄 종사자들은 가족 역할을 대신하는 것이다.

임종 돌봄 서비스인 하룻밤 동행과 임종 지키기의 실천을 위해서는 현 제도에서 요구하는 것 이상의 노력이 필요하다. 임종 과정에 접어든 어르신에 대한 관찰과 돌봄을 위해 추가 노동과 더욱 세심한 주의가 요구된다. 하지만 이러한 노력에 대한 별도의 보상은 존재하지 않는다. 호스피스를 담당하는 의료기관은 의료보험 수가의 적용을 받지만 노인요양원은 그렇지 않다. 그래서인지 경제적 보상이 없음에도 임종 노인과 그 가족을 위한 임종 돌봄 서비스를 시설에서 해내고 있다는 것에 대한 자부심이 있었다.

> 딴 데서는 못 하지. 다 병원으로 빼지. 장소가 있어도, 사람이 없으면 못 해요. 누가 저걸 하려고 계속 킵하고, 24시간 보고 밤중까지 있고, 안 한다고. 할 수가 없지(A-1).

사망진단서 발급과 같은 형식적인 조건이 갖추어져서 B노인요양원에서는 임종 돌봄이 가능하다. 하지만 임종 돌봄의 특성을 고려하면 단순히 그것만으로 가능한 것은 아니다. 시간을 가리지 않는 죽음의 특성을 고려할 때 더욱 그렇다. 이는 노인요양시설에서 사망진단서 발급이 어려운 현실적인 이유이기도 하다. 사망진단서를 발급하는 상임이사는 "원래 법이 48시간 이내에 환자를 봐야 진단서를 쓸 수가 있거든요. 근데 그거를 못 하는데 현실적으로. 그 환자가 밤 2시, 3시에 돌아가시면 누가 와서 그걸 하려고 하겠느냐고."라고 하며 일반 노인요양원에서 임종 돌봄이 어려운 이유를 설명하였다.[27] 시설의 「사망자명단」을 통해 어르신의 사망 시간이 다양하다는 점을 확인할 수 있었다. 총 29명 중에서 일반적인 업무 시간(09:00-18:00)에 죽음을 맞이한 경우는 15명이었다. 새벽 시간대(00:00-06:00)에 임종한 경우는 6명, 아침 시간대(06:00-09:00)에 임종한 사례는 7명이었다. 일과 시간이 끝난 저녁 시간대에 돌아가신 분은 1명이었다. 보통은 임종 과정을 1-2일 정도로 예상하지만, 항상 그러한 예측이 정확한 것은 아니다. 때로는 너무 이른 기간에 갑자기 돌아가시기도 하며 3일 이상 같은 상태가 유지되기도 한다.

이처럼 임종 과정이 시작되면 돌봄 종사자들은 24시간 대기해야 하며, 임종 과정 전체 시간도 임의적으로 조절되지 않는다는 점에서 임종 돌봄과 임종 지키기는 보호자 가족과 시설 종사자 모두에게 부담이. 된다. 특히 B노인요양원은 임종 의례도 중요한 돌봄 서비스로 제공하고 있어서 더욱 그렇다.

> 내가 가진 게 없잖아. 가슴속에 있는 이거 좋은 에너지밖에 없잖아. 이거 왜 못 주냐고. 그것도 차단해 놓고 안 주는 사람 있잖아요. 남한테 좋은 말 안 하고, 싫은 것만 하고, 부정적인 것만 하고 주는 방법을 몰라서 그런 거거든. 긍정적으로 있는 거 다~ 에너지를 이렇게 줘야 좋잖아요. 그걸 우리는 하려고 노력하는 사람이니까, 일을 할 수 있는 것뿐이고, 그걸 힘들게 뭐 24시간 48시간 밤새워 가며 왜 해 그래, 왜 하기는, (중략) 나는 아직 에너지가 있는데. 그 에너지를 다른 데 안 쓰면 줄 수 있다는 거예요(A-1).

이러한 이유에서도 책임감, 헌신 등의 태도가 중요하다. 시설장은 임종 돌봄의 조건으로 제도보다 어떠한 조건에서도 임종 돌봄을 하겠다는 종사자들의 의지가 중요하다고 강조하였다. 일반 노인요양원과 다

---

27) 가정형 호스피스 전담 간호사의 역할 중 하나는 24시간, 주 7일 상담 전화 응대이다. 『호스피스전문기관 서비스 제공 안내(4판)』에 따르면 가정형 호스피스만 제공하는 의료기관은 24시간 전화 응대가 가능하도록 조치를 취해야 한다(국립암센터·중앙호스피스센터, 2019: 8).

르게 B노인요양원은 불교적 가치를 추구한다. 시설 종사자들의 대부분은 불교 신도이며 불교의 가치를 공유하고 있으며 불교적 가치에 기반하여 어르신들의 행복한 마무리를 돕는다는 생각을 가지고 있다. 그래서 시설장은 임종 돌봄을 '수행'이라고 설명하였다.

> 그냥 수행이에요, 나는. 일상수행을 지금 이걸로 이생을 나는 마무리를 해서 원을 세운 사람. 이렇게 하는 거분이에요. (중략) 우리가 인생을 마무리하면서 다음 생을 또 살아야 되니까 약속을 해야 되니까. "이 과업에 기도의 마무리를 이렇게 하는 게 훨씬 더 보람 있겠다." 해서 하는 거예요. 이래서 하는 거기 때문에 다른 사람이 생각할 때는 밤을 며칠 새우고, 안 힘드냐고 하는데, 나는 힘들다는 생각이 안 드니까 할 수 있잖아. 힘들면 못 하지, 이제. 그런 과정으로 이 과업을 하는데(A-1).

이때 수행은 종교적 의미도 내포하고 있다. 여기에 남들은 힘들어하는 일이지만 그 일에 담긴 가치를 위해 어려움을 극복하고 실천하고 있다는 의미도 담고 있다. 타 종교를 믿는 돌봄 종사자들도 종교와 무관하게 임종 돌봄 서비스에 담긴 가치에 동의하며 근무하고 있었다.

■ 돌아가신 분들의 극락왕생을 기원하다

직원 대상 종교 프로그램으로는 월례법회와 지장재일법회가 있다. 월례법회는 매월 첫 월요일에 진행되며 시설의 모든 직원들이 참석하고 입소노인들은 참석하지 않는다. 월례법회는 직원 조회와 교육의 성격도 지니고 있다. 이에 반해 매월 음력 18일에 이루어지는 지장재일법회는 돌봄 종사자들을 위한 정서적·영적 지지 프로그램의 성격이다. 지장재일법회의 주 참석 대상은 요양보호 인력과 간호 인력이다. 입소노인도 참석하지만 새벽예불보다는 참석 인원이 적다. 요양보호사와 간호(조무)사들은 종교와 무관하게 모두 법회에 참석하고, 주간근무조와 야간근무조 모두 참석할 수 있도록 저녁 교대 시간에 법회를 운영하고 있다.

노인요양원은 죽음이 함께하는 공간이다.[28] 시설임종이 이루어지는 B노인요양원의 특성으로 인해 죽음은 더욱 가까운 곳에 있다. 노쇠나 질환으로 인한 자연사의 경우가 많지만 기도폐쇄에 의한 질식사 등과 같은 갑작스러운 죽음도 있다. 죽음의 형태와 무관하게 모든 죽음은 함께했던 돌봄 종사자에게 상처를 줄 수도 있다. 일부 종사자는 불안감과 무기력, 상실감을 느끼기도 한다. 어르신의 죽음이 자신의 잘못 때문이라는 자책이 우울감으로 이어지기도 한다. 관련 연구에 의하면 노인요양시설에서 근무하는 요양보호사들은 노인 죽음을 '담담함', '감당하기 어려운 공포', '이별의 고통', '삶의 굴레에서 벗어나 편안한 자유로움', '고통에서 벗어남'으로 인식하고 있었다(이평화, 2015: 67-84). 이러한 인식 중에서 '이별의 고통'은 요양보호사를 위한 회복 프로그램이 필요하다는 점을 말해 준다. 요양보호사 중 일부는 노인의 죽음을 부모를 떠나보내는 아픔처럼 느끼는 사례도 있었다. 정도의 차이는 있지만 대부분은 이별의 고통을 경험하고 있다. 이별의 고통은 좀 더 잘 해드리지 못한 후회로 이어지기도 한다(이평화, 2015: 67-84).

이러한 감정을 해소하는 기능을 지장재일법회가 담당하고 있었다. 시설에서는 다양한 경로로 관련 교육을 진행하지만, 교육이 갖는 한계도 있다. 지장재일법회에서 그 해에 시설에서 죽음을 맞이한 어르신들과 종사자들이 제출한 부모와 조상들의 위패를 모시고 추모하고 극락왕생을 기원하는 기도를 한다.

---

28) 요양보호사와 간호(조무)사들의 죽음 경험도 중요한 연구주제이며 다수의 논문들이 있다.

매월 18일 날에 이번 주 ○요일 날에 하는데 지장재일이라고 법회를 하는데 저녁에 6시 한 10분쯤 시작을 해요. 왜냐면 주·야간이 다 같이 주간이 와서 야간이 미리 와서 참석을 하고 교대해서 야간이 하고 이렇게 둘로 나눠서 하거든요. 그러기 때문에 6시 10분부터 해 가지고 7시 30분까지 그렇게 하는데 이제 먼저 부처님께 재물을 올려 공양드리고 돌아가신 분들을 극락세계로 인도하는 천혼축원을 하고, 다음 영단에 제사를 지내면서 돌아가신 분들이 재물을 공양하고 극락세계에 갈 수 있도록 시식 염불을 합니다. 돌아가신 분들을 일일이 호명을 하면서… (질문자: 그러면 한 십여 년 동안 돌아가신 분들 전부 다?) 아니, 그해에 돌아가신 분들(A-2).

지장재일법회는 시설장이 진행하고 상임이사가 집전을 한다. 영단에 재를 지낼 때는 시설장이 주관하고 간호(조무)사 2명이 보조하였다. 제사를 지낼 때는 주간근무조 → 입소노인 → 야간근무조 순서로 영단을 향해 절을 하였다. 내가 참석한 지장재일법회가 있던 주에는 입소노인 2명이 임종하였다. 법회의 마지막 순서인 헌식(獻食)을 할 사람으로 시설장은 그 주에 돌아가신 어르신들을 담당했던 요양보호사들과 나를 지명하였다. 어르신들을 담당했던 요양보호사에게는 시설장이 노잣돈 올리라고 별도의 봉투를 준비해서 전달하였다. 요양보호사들과 헌식의 식을 마무리하고 승강기에 함께 탔다. 이때 한 요양보호사(A)가 다른 요양보호사(B)에게 '좋은 곳으로 간다고 하니 좋은 걸 거야.'라고 말을 하였다. 요양보호사(B)는 동의하며 '좋은 곳으로 갔을 테니 너무 심려하지 말고 다시 기운 내서 일하자.'고 이야기를 나누었다. 이처럼 B노인요양원의 지장재일법회는 돌봄 종사자들을 대상으로 정서적 지지를 제공하는 직원 지원 프로그램의 기능을 하고 있었다.

[타 종교를 가진 종사자] 그분들도 같이 하는 거지. 기도를 같이. 그분들도 같이 참석을 해서 불자가 아니라도 제사는 다 지내는 거니까. 기독교인들도 있어요. 천주교인들도 있고. 그래도 참석을 해요. 조상을 위한 거니까. 조상 위해서 그분들 축원해 드리고, 부처님한테 축원해 드리고. 영단에 제사를 지내게 되니까. 좋은 데로 가시라는 의식을 하니까(A-2).

다른 종교인들의 경우에도 지장재일법회의 의미를 알고 참여하고 법회를 통해 위안을 얻고 있었다. 타 종교를 믿는 돌봄 종사자들은 영단에서 제사를 지낼 때는 절을 하지 않지만 다른 동료 직원들과 함께 제사에는 참여한다. 심층면담을 진행한 요양보호사(B-12)는 개신교 신자라서 불단에 절을 하지 않지만, 돌아가신 분들을 모시는 영단에는 절을 한다고 하였다. 그리고 지장재일법회의 목적을 '여기에서 돌아가신 분들을 추모하는 것', '법회라는 의식을 통해서 돌아가신 분들을 예우(禮遇)하는 것'이라고 설명하였다. 나아가 지장재일법회는 영원히 그분들을 모신다는 의미를 가지고 있다고도 하였다. 그 때문에 자신은 개신교 신자이지만 추모하는 마음을 가지고 지장재일법회에 참여한다고 하였다. 또한 지장재일에 참석하는 입소노인들의 경우에는 자신의 죽음을 준비하는 기능도 하고 있었다.

4
/

B노인요양원 이야기

예비조사 과정에서 연구주제(시설임종과 임종 돌봄 서비스)를 관찰할 수 있는 B노인요양원을 알게 되었고, 운 좋게도 먼저 참여관찰을 제안 받았다. 연구를 위한 준비와 논의를 마치고 4주 계획의 참여관찰을 시작하였다.

임종 돌봄 서비스 프로그램

입소노인의 노인요양원 여정은 입소에서 시작하여 임종으로 마무리 된다. 이 여정은 돌봄의 목적에 따라 '생활 돌봄 → 임종 돌봄 → 사별 가족 돌봄'으로 정리할 수 있다. B노인요양원의 돌봄은 초기에는 일상 생활 지원을 목적으로 하는 생활 돌봄이, 입소노인이 생애말기에 접어 들면 생의 마무리를 위한 임종 돌봄이 제공된다. 그리고 어르신이 임종 한 이후에는 사별가족을 위한 돌봄이 이루어진다([그림 5] 참고).

생활 돌봄	임종 돌봄			사별가복 돌봄
생활 돌봄 -. 생활지원 서비스 -. 의료 및 간호 서비스 -. 상담 서비스 -. 정서적 · 영적 지원 서비스 등 다양한 돌봄 서비스 제공	임종 돌봄 상담	(집중)관찰	임종 돌봄 서비스	사별가족 돌봄

[그림 5] B노인요양원의 돌봄 체계

B노인요양원의 돌봄 체계 중 내가 주목하는 임종 돌봄은 임종 돌봄 상담, 집중관찰, 임종 돌봄 서비스로 구성되어 있다. 생활 돌봄 중 어르신을 위한 정서적·영적 돌봄 서비스도 임종 돌봄과 관련된 것이다. 마지막 사별가족 돌봄은 죽음을 맞이한 가족들이 겪을 수 있는 심리적 어려움과 고통을 극복할 수 있도록 지지하는 돌봄이다. 또한 B노인요양원은 죽음을 경험하는 시설 종사자를 대상으로 심리적·정서적 지원 프로그램도 진행하고 있었다.

B노인요양원에 임종 돌봄과 관련된 공식화·활자화된 매뉴얼은 존재하지 않는다. 하지만 시설에서 제공하는 임종 돌봄 서비스는 매우 체계적으로 제공되고 있었다. B노인요양원에서 관련 서비스를 경험한 보호자는 서비스가 매우 체계적이라고 인식하였다.

직원 교육이 안 되어 있으면 손발이 따로 놀죠. 시스템적으로 아주 잘 조화롭게 잘 운영되고 있더라고. 그런 것을 봤을 때는 교육 없이는 그렇게 될 수가 없지요. 물론 고참이 신참한테 가르쳐 가면서 그렇게도 되겠지만. 전체적으로 원장을 정점으로 모든 팀들이 같이 이렇게 움직이는데 아주 조화롭게 잘 운영되고 있더라구요(D-2).

체계적인 서비스 제공은 시설 종사자들이 공유하는 매뉴얼과 교육 때문에 가능하다. 시설장은 오래전에 임종 관련 외부 교육을 진행한 경험이 있으며, 종사자들 교육을 수시로 진행하고 있었다. 참여관찰과 시설 종사자 면담을 통해 이를 확인할 수 있었다.

내가 옛날에는 처음에는 초창기에는 요양보호사들 위해 가지고 한 7~8년 동안은 전력투구를 하고 해줬어요. 이거 하기 전에 내가 이거 시설을 만 8년을 운영했잖아요. 그런 에너지, 그런 시트(sheet)를 다 나눠 줬다고(A-1).

[교육] 그걸 항상 하지. 우리는 생로병사를 가지고 있으니까 거기에 대한 거를 겸허하게 수용

을 해라. 갑작스럽게 무슨 문제가 생겨서 겁먹을 것 하나도 없잖아요. 이게 자연현상인데 겁을 먹으면 일을 할 수가 없어요(A-1).

임종 돌봄 서비스의 가치

B노인요양원에서 실행하고 있는 임종 돌봄 서비스 프로그램의 핵심 가치는 '존중'과 '동행'이다. 존중의 가치는 입소노인에 대한 존중이며 생로병사가 자연현상이라는 것을 수용한다는 의미를 담고 있다. 이러한 관점에서 노화는 질병, 곧 치료의 대상이 아니라 자연스러운 인생의 진행 과정으로 이해한다. 나이가 들어서 거동이 불편해지고 의식도 흐릿해지는 어르신의 상태는 자연스러운 노화 과정이므로 이로 인한 어르신들의 상태와 행동은 이해되고 받아들여진다. 임종 과정에서도 어르신의 선호와 의지에 따라 구체적인 돌봄 방식이 결정된다. 임종 돌봄 서비스는 어르신을 존중하는 마음을 담아 임종하는 순간까지 예우한다는 의미를 담고 있다.

동행의 가치는 입소노인이 생의 마지막을 혼자 겪지 않고 보호자와 돌봄 종사자가 함께한다는 의미를 담고 있다. 나아가 인생을 살아오면서 형성된 가족 유대 속에서 임종을 맞이한다는 뜻도 담고 있다. 구체적으로 임종 과정에 접어든 입소노인과 가족이 임종 전에 함께 하룻밤을 같이 보내는 것, 보호자 가족이 임종 과정을 함께하는 것, 친척 및 지인과 작별 인사를 나누는 것으로 구체화된다. 이를 위해 돌봄 종사자들은 입소노인을 면밀하게 관찰하여 이상 증후나 응급 징후를 놓치지 않기 위해 노력한다. 가족이 임종을 지키는 시간에는 가족도 돌봄의 대상에 포함되며 어르신의 임종 후에는 사후 행정 처리를 지원한다.

입소 후 임종 과정에 접어들기 전까지는 잔존기능의 유지와 향상이 돌봄의 최우선의 목적이고 이를 위해 일상생활에 불편함이 없도록 다양한 서비스를 제공한다. 그리고 사망이 임박한 상태에 접어들면 돌봄의 목적은 존중과 동행으로 전환된다.

임종 돌봄 서비스 절차와 방법

임종 돌봄은 시설에서 제공하는 돌봄(생활 돌봄-임종 돌봄-가족 돌봄) 중 하나이며, 임종 돌봄 상담과 집중 관찰, 임종 돌봄 서비스라는 세 요소로 구성된다. 그리고 임종 돌봄 서비스는 '위생 돌봄-하룻밤 동행-임종 지키기-임종의례-배웅'의 순서로 제공된다([그림 6] 참고).

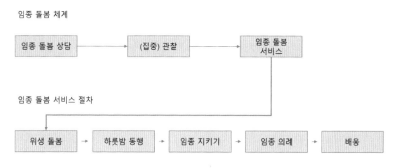

[그림 6] 임종 돌봄 체계와 임종 돌봄 서비스 절차

→ 임종 돌봄 상담

임종 돌봄 상담은 노화나 질환에 의해 근본적으로 회복이 불가능한 것으로 확인된 생애말기 입소노인을 대상으로 진행한다. 보호자 간담회, 상담 등의 경로를 통해 B노인요양원은 시설임종과 임종 돌봄에 대해 설명한다. 하지만 시설임종을 권유하지는 않는다. 주보호자가 시설임종 의사를 밝히면 '임종 돌봄 상담'을 진행한다.

입소 과정, 상담 과정에서는 터미널 스테이지를 여기서 이렇게 한다. 그러면 그거를 여러분 들이 취사선택은 본인들이 하는 거예요. 결정이 되어지면 언제든지 와라. 오면 기본 상담을 해요 (A-1).

노인요양원에 입소한 노인 대부분은 노인성 질병을 가지고 있다. 의료적 처치가 필요한 경우에는 보호자와 외진을 다녀온다. 외래 진료에 머물지 않고 병원에 입원해야 하는 상황이 발생하기도 하며 입소 기간 이 길어질수록, 즉 어르신이 나이가 들어갈수록 병원에 입원하는 빈도 가 잦아진다.

어르신들을 모시다 보면 병원 갈 일이 많아져요. 시일도 짧아져요. 예를 들어서 오셨다가 1 년 만에 한 번, 어쩌다가 한 번 가던 분이 에너지가 없다 보니까, 면역력이 떨어지니까 자꾸 문 제가 생겨요. 어르신들한테 요로감염이 온다거나 폐렴이 온다거나, 바이러스가 유행하거나, 독감 에 금방 걸린다든가. 저희들이 보면 어르신이 에너지가 많이 타고 있구나. 보호자분들도 병원을 계속 가다 보면 보호자분들도 지치세요(A-4).

보호자들은 잦은 병원 입·퇴원에 지치지만, 어르신의 건강이 근원 적으로 회복되지 않는다는 사실에도 지친다. 일정한 시점에 이르면 보 호자는 병원 의료진을 통해 어르신이 근원적인 회복이 불가능한 생애 말기에 접어들었다는 사실을 공식적으로 확인받게 된다. 보호자는 병 원에서 전달받은 내용을 시설에 직접 전해 주거나, 시설에서는 보호자 가 전해 주는 진단서를 통해서 어르신의 상황을 확인하기도 한다.

이 어르신은 이제 그만 병원에 안 가도 된다. 몇 번 가고 몇 번 시행착오를 했기 때문에 왔다 갔다 했기 때문에 더 이상 안 가도 되겠다, 저기 환자들 보호자들이 사인을 해요. 여기서 호스피 스를 받겠습니다(A-2).

저희들이 무조건 상담하지는 않아요. 어르신들 보고, 저희들이 아~ 이쯤 돼서 보호자들하고 상담을 해야 되겠다. 넌지시 건네세요. 우리 시설에 이런 시스템이 있는데 보호자들 생각은 어떠시냐고. 아직까지는 우리 어르신들이 자녀들이 많잖아요. 보통 4-5명인데 주보호자를 하나를 딱 정하지만은 호스피스(임종 돌봄) 상담을 할 때는 형제들끼리 다 의논해 가지고 오시라고 해요. 왜냐면 개중에 한 사람이라도 병원에 치료할 의지가 있는데 딱 정해 버리면 가족끼리 불화가 생기기 때문에 그런 것들도 차단해 주는 의미가 있어요. 그래서 가족끼리 의논해서 오시면 다 들어오라고 해서 가족끼리 다 있는 데서 원장님하고 마지막을 상담을 하세요(A-4).

임종 돌봄 상담은 1차에 마무리되지 않는다. 상담 신청이 들어오면 주보호자와 먼저 상담을 진행한다. 주보호자가 시설임종을 결정하면 시설에서는 모든 가족의 동의를 요구한다. 이는 보호자들의 의견이 상이할 수 있기 때문이다. 이를 무시하고 상담을 진행하면 응급상황에서 가족 간의 불화가 발생할 수 있다. 노인요양원에 근무하는 요양보호사의 노인 죽음 경험을 다룬 연구에는 이와 유사한 사례, 입소노인의 임종을 예견할 수 있는 상황에서 자녀들의 생각이 달라서 시설에서 다투는 상황이 소개되어 있다. 보호자들 간의 다툼을 목격한 요양보호사는 "병원 응급실로 모셔 가고자 하는 자녀도, 있고 그냥 노인요양시설에서 자연적으로 돌아가시게 하도록 지켜보자는 자녀도 있어 부모를 놓고 자녀들 간에 의견이 달라 부모를 더 힘들게 하는 경우"라고 설명하고 있다. 또한 이 연구참여자는 "굳이 노인네 힘든데 병원에 모셔 가 생명연장을 하여야 하는가 하는 생각"을 했다는 점도 밝히고 있다.[29]

입소노인의 가족들이 모두 시설임종에 동의하면 이를 확인하는 절차를 밟는다. 되도록이면 모든 가족이 2차 임종 돌봄 상담에 참여하도록 요청하고 상담 결과를 확인한다. 가족의 동의 여부를 확인하기 위해 '호스피스(임종 돌봄) 동의서'를 도입하기도 하였다. 동의서는 이사장의 지시로 내부 논의를 거쳐 작성하였으나 2-3회의 시범 운영을 거친 후에는 공식적으로 사용하지 않고 있었다. 기록이 필요한 경우 주보호자

---

29) 이평화(2015). 「노인요양시설 요양보호사의 노인 죽음 경험 연구」. 서울기독교대학교 박사학위논문.

를 포함하여 모든 보호자가 입소노인의 개인 차트에 서명하는 것으로 갈음하고 있다.

동의서에는 시설에서 제공하는 '임종 돌봄'이 '24시간 어르신을 돌보면서 상태를 확인하고 불편함이 없도록, 더 나아가 편안함을 느끼고 임종하실 수 있도록 간호'하는 것이며, 또한 '치료 목적'이 아니라는 점을 명시하고 있다. 또한 임종 돌봄은 '보호자 그리고 가족들의 동의에 의해 이루어지며 원하지 않을 경우 언제든지 철회'할 수 있다고 명시되어 있다.

임종 돌봄 상담에서는 장례방식, 장례식장, 상조회사 가입 유무, 임종 의례 방식, 사후 의례 등에 대해서 논의한다. 장례식장은 보통 3개까지 정해 놓는다. 임종 당일 장례식장 상황에 따라 사용이 불가능할 수도 있기 때문이다.

> 생로병사가 자연현상이니까 그런 시간이 도래할 때는 장례절차는 어떻게 할 것인가. 그다음에 영안실은 어디를 이용해 가지고 의식을 원활하게 할 수 있는 그건 보호자들이 설정해야 되니까. 그렇게 하면은 지금은 또 최고의 이슈가, 장례절차를 영안실로 운영하는 그 공간에서 하면 되는데 상조회를 빌려 가지고 하기 때문에 상조회하고도 굉장히 마찰이 많더라고요. 상조 가입이 되어 있는지 없는지를 정확하게 확인하고. 그게 다 돼 있으면 그다음에 종교의식을 할 건가. 안 할 건가(A-1).

> 이제 우리 토속신앙에 모든 종교가 묻혀 들어왔기 때문에 그 토속신앙을 가장 키포인트로 해 가지고 종교를 맞춰 줘야 돼요. 그렇게 해야 어르신들이 지금까지 뭐 70년, 40년, 100년, 60년 바리에이션이 있는 그 모든 대상이 자기가 가지고 있는 정서를 가장 존중해야 된다는 거. 그 정서적인 게 흐트러지면 아주 혼돈스러워요. 어르신 중심으로 정서를 맞춰 가지고 종교의식을 하는지 안 하는지 그 여부를 내가 상담을 해서 거기에 맞춰서. 예를 들어서 뭐 크리스천이면 거기 맞춰서 목사님 오셔 가지고 뭐 입회를 해서 기도를 한다든지, 신부님이 들어와 가지고 종부성사를 드린다든지 그런 절차를 하게 해드려요(A-1).

임종 돌봄 상담이 시작되면 상담 내역과 상담에서 결정된 내용을 개인 차트(표지 뒷면)에 기록한다. 임종 돌봄 상담 기록에서 눈에 띄는 점은 '몸 바꾸심 옷'과 영정 사진 관련 내용이다. B노인요양원은 모든 보호자가 시설임종과 임종 돌봄에 동의하였더라도 시설에서 요구하는 물품을 구비하지 않으면 상담이 완료된 것으로 여기지 않는다. 임종 돌봄 상담 시에 B노인요양원은 속옷, 옷(보통 한복), 영정 사진을 구비할 것을 보호자에게 요청하고, 이때에는 물품 준비 방법도 비교적 자세하게 설명한다.

> 상담이 완료되면 저희들이 이제 물품을 준비해 오라고 해요. 어르신들이 마지막에 가실 때, 저번에 보셨잖아요. 한복을 입고 있는. (중략) 평상시에 자녀들이 결혼시킬 때 입었던 것들 가지고 오라고 해요. 어르신이 평상시에 잘 입었던 것, 좋아했던 것, (중략) 그런 물품 준비가 완비가 돼야 상담이 완료되는 거예요(A-4).

> 이제 그렇게 얘기 다 해주시잖아요. 그래 가지고 이렇게 한복도 준비하고 속옷도 이제 또 뭐 그냥 또 비누칠하지 말고 그냥 삶으라고 그러시더라고. 그냥 삶아 가지고 그래 가지고 싹 다림질해서 가져오고 이렇게 딱딱 목록으로 이렇게 미리 주세요. 이렇게 하라고 그거를 이용을 하려면 이제 딱 뭐, 뭐, 뭐, 이렇게 하라고 이야기를 미리 해주세요. 그거를 다 준비를 해 와서 하겠습니다. 이렇게 해야지 이제 거기 들어갈 수 있는 거라고 얘기를 하시더라고요. 그래서 뭐야, 그랬더니 하여튼 그날 저기 했을 때 한복 다 싹 입혀 주셨잖아요(D-3).

1차 상담 이후 물품 구비까지 걸리는 시간은 가족마다 다르다. 개인 성격을 반영하기도 하지만 입소노인의 상태가 영향을 미친다고 종사자들은 생각하고 있다. 임종 돌봄 상담 이후 입소노인의 상태가 안정화되면 보호자가 물품을 준비하는 데 시간이 걸리고, 반대로 입소노인의 상태가 악화되면 시설에서 요청하지 않아도 보호자는 물품을 준비한다고 한다. 시설에서는 임종 돌봄 상담 이후 물품 준비에 대해 1-2차례 언급하지만, 그 이상 쉽게 이야기를 꺼내지는 못한다고 한다. 보호자가 준비한 물품은 개인별로 정리되어 특별거실 앞에 있는 물품보관함에 보관한다.

B노인요양원에서 물품 준비를 요구하는 이유는 세 가지이다. 첫째, 가족의 죽음을 겪으면 누구나 당황하고 긴장한다. 그 때문에 임종 이후 사후처리 과정에서 발생할 수 있는 혼란을 예방한다는 의미가 있다. 영정 사진이 대표적인 예이다. 최근에는 죽음준비교육의 일환으로 노인복지관이나 종합사회복지관 등에서 이용노인들을 대상으로 영정 사진을 준비하는 프로그램을 진행하고 있다. 하지만 현재 노인장기요양시설에 입소한 노인 대다수는 그러한 프로그램을 접할 기회가 적어서 영정 사진이 준비된 사례는 적다. 최근에는 사진과 편집기술이 발달하여 사진 준비에 큰 시간이 소요되지 않는다. 그럼에도 불구하고 시설 종사자가 언급했듯이 영정 사진 때문에 보호자들이 곤란을 겪기도 한다.

대체로 이렇게 요양원에서 2-3년, 몇 년씩 계시다 보면 집에서 본인(어르신)들 옷을 정리를 하잖아요. 그러니까 [어르신 옷이] 없는 사람들이 많아요. 있는 사람들은 있는 것 가지고 오고, 없으면 사 오라 그래요. 어차피 가져오셔야 하니까. 이거는 남자 어르신 한복이고. 이거 두루마기고 이렇게 영정 사진까지, 왜냐면 여기서 임종해 가지고 영안실로 가면 어떤 분들은 당황해서 사진 뽑는 데도 한참 걸려요. 미리 준비해 오라고(A-4).

영정 사진도 집안에 사진이 없어 가지고. 한 10년 전, 지금하고 옛날 얼굴이 다른 사람이 가끔 있어요. 그런 사진조차 없는 분들도 계세요. 그러면 한복 가지고 오면 한복 위에다 입혀 가지고 찍고 포토샵으로 해 가지고 갖고 오시는 분들도 계시고. 이러세요(A-4).

둘째, 임종 돌봄 물품을 준비하면서 보호자들은 죽음을 준비하고 있음을 인지하는 효과가 있을 것이라 추측된다. 현대사회에서는 죽음이 일상생활과 분리되어 현실로 인지하지 못한다. 이는 고령의 부모가 있는 사람들도 마찬가지이다.

요즘은 100세 시대라 해도 나이가 70-80이 넘으면 대개 다가 죽음에 대해서 좀 생각을 해 놓고 바라다보고, 그래야 내가 어떻게 살아왔는가를 반추를 하는데 대개 영원히 산다고 착각하는 거예요. 특히 부모님은 영원히 그냥 존재하고 있다. 이렇게 착각이 되어서 그 삶과 죽음을 정확하게 대비를 못 하는데…(A-1).

셋째, 임종 노인이 가장 좋은 모습으로 죽음을 맞이할 수 있도록 배려한다는 의미를 담고 있다. 불교에서는 임종 무렵의 마음가짐이 내세에 큰 영향을 미치고 임종 이후 영혼(識)이 육체를 떠나 자신의 모습을 본다고 여긴다. 자신이 평상시에 좋아했던 옷이나 깨끗한 옷을 입고 있는 '자신의 깨끗한 모습을 보고 뒤돌아보지 말고 가시라.'는 뜻이다. 부수적으로는 화장을 할 경우에는 염을 할 때 굳이 수의를 입히기보다는 망자가 평소에 좋아했거나 아끼던 옷을 입고 화장해도 된다는 뜻도 담고 있다.

임종 돌봄 상담을 완료한 입소노인은 '적극적인 치료에도 불구하고 근원적인 회복이 불가능'하다는 점에서 「연명의료결정법」에서 규정하는 말기 환자와 비슷하다. 점차 증상이 악화되어 수개월 이내에 사망할 것으로 예상된다는 점도 유사하다. 이러한 측면에서 임종 돌봄 상담을 완료한 어르신은 생애말기에 있다고 할 수 있다. 시설에서 제공하는 임종 돌봄 서비스를 주제로 이야기 나눌 때 연구참여자에게 입소노인들은 본인들이 임종 돌봄 상담이 완료되었는지에 대해 알고 있는지를 물었다. 당시 관련 내용을 설명하던 간호팀장은 어르신들의 건강 상태가 좋지 않기 때문에 알지 못한다는 뉘앙스로 이야기하였다.

(작은 목소리로 속삭이며) 몰라요. 어르신들은 전혀 몰라요. 정말로 호스피스를 해 놨다고 아는 사람은 한 분. (혼잣말로 작은 목소리) 아니, 그분은 돌아가시고 어르신들은 전혀 몰라요. 그리고 호스피스를 할 때쯤 되면 어르신들 상태가 안 좋으세요(A-4).

임종 돌봄 상담이 완료되지 않았거나 상담을 전혀 진행하지 않은 상황에서 임종 징후가 발견되면 다른 노인요양원과 동일하게 병원으로 이송된다. 하지만 임종 돌봄 상담이 완료된 입소노인에게서 임종 징후가 발견되면 병원으로 이송하지 않고 시설에서 임종하도록 돌봄 서비스를 제공한다.

> 근데 호스피스(임종 돌봄) 상담을 안 해 놓으면 무조건 [병원에] 가셔야 돼요. 어르신을 잡고 있다가 어르신이 잘못되면 법적으로 걸려요. 모든 면에서 걸리니까 그런 분들은 치료할 의지가 있는 분들은 병원에 가시라고 해요(A-4).

> 이런 변화가 오면 우리는 여기서 현대의학으로서는 더 이상 적극적인 치료는 원하지는 않으니까 병원에 가도 요식적이니까. "그냥 어머니가 편하게 여기서 마무리하시기를 원해요." 하는데 1차 상담을 해 놓고 마무리가 안 돼 있어요. 그래서 내가 아침에 전화를 드렸어요. (중략) 여타의 상담해 놓은 결과를 우리한테 답을 안 주면은 지금 이럴 때 병원에 모시고 가야 돼(A-1).

임종 징후 발견 이전에도 질환의 근본적인 회복에 기여하지 않는 병원 치료보다는 노인요양원에서의 돌봄에 집중한다. 하지만 병원 진료를 통해 어르신의 상태를 조금이라도 개선할 수 있다면 병원 진료를 가족들에게 적극적으로 요청한다.

> 그래서 어르신들이 아주 급성으로 요로감염이나 폐렴이라든지, 고열이 나지 않는 이상에는 여기에서 생활을 하세요. 급성으로 오는 병들은 [병원에] 가서 가지고 치료를 받으면 어르신들이 편하세요. 열을 떨어뜨리든지, 어르신들이 생활하는 데 편해요(A-4).

이처럼 임종 돌봄 상담이 완료된 입소노인이라고 하더라도 모두 병원 진료를 포기하는 것은 아니다. 질환의 근본적인 회복에 기여하지 못하고 수일 또는 수 주의 생명연장을 위한 연명의료만을 거부하는 것이다.

→ (집중)관찰

B노인요양원에서 제공하는 임종 돌봄의 중요한 특징은 임종 하루 전 보호자와 입소노인이 하룻밤을 같이 보낼 수 있도록 시간을 마련하는 것과 가족들이 임종을 지켜보게 하는 것 그리고 임종 의례이다. 보호자와 입소노인이 함께할 수 있는 시간을 마련하기 위해서 시설에서는 어르신 상태를 정확히 파악하고 있어야 한다. B노인요양원은 입소노인이 생애말기에 접어들었다는 판단이 되면 바이탈 사인을 주기적으로 측정한다.

> 우리가 이제 계속 체크를 하는데 그제 16일 날 12시에 혈압이 소강상태에 가 있었어. 또 어제 아침에 한 번 일시적으로 딱 한 번만 누가 쟀는데 올라가 있었다고(A-1).

어르신 관찰을 위해 B노인요양원에서는 야간 간호 인력을 별도로 두고 있으며 간호(조무)사들도 주야간 교대 근무를 한다. 이처럼 입소노인들을 주의 깊게 지속적으로 관찰하기 위해서는 많은 노력과 책임감, 때로는 헌신이 필요하다.

평소에는 기구기재[30]를 한 입소노인이나 병원에 다녀온 입소노인, 바이탈 사인에 변화가 있었던 입소노인, 이상행동을 한 입소노인 등에 대해 각 층 간호팀장이 대상자를 선정하고 선정된 대상자를 간호실 근무자들이 바이탈 사인을 일정한 주기로 확인한다. 야간 근무 간호 인력은 매일 아침 야간에 관찰하고 체크한 내용을 시설장에게 보고한다. 야간 간호(조무)사가 보고한 내용을 확인·분석한 후에 시설장은 어르신 상태를 판단하고 적절한 조치를 지시한다. 이때 보다 집중적인 관찰이

---

30) 보통 소변줄이라고 불리는 유치도뇨관(foley catheter)과 콧줄로 불리는 비위관(L-tube), 기관 내 삽관(tracheotomy tube) 등을 기구기재라고 한다.

요구되는 입소노인의 경우는 더 자주 바이탈 사인을 체크한다.

> 저희들이 케어를 하면서, 보면서 어르신들이 멘탈상으로 변화를 보이는 사람도 있고요. 바이
> 탈상으로, 혈압이나 맥박이나, 호흡이나 이렇게 바이탈상으로 변화를 보이는 어르신이
> 있구요, 체크를 하다 보면 보여요. 라운딩을 쭉 하다 보면 좀 이상하다 생각되면 집중적으로 관
> 찰하고 케어를 해드리다 보면 얼추 저희들이 판단해서 원장님께 보고드리고, 보고드리고 하면
> 원장님이 보고 아, 얼추 얼마 남았다. 얼마 정도까지는 못 가겠다. 이런 것을 원장님이 판단하시
> 고. 판단이 잘 맞으세요(A-4).

어르신이 특별거실에 입실한 후에는 바이탈 사인을 더 자주 확인한
다. 일반적으로 30분 간격으로 체크하고 상황에 따라서는 5분 간격으
로도 측정한다고 하였다. 측정 결과는 시설장에게 보고하는데 축적된
결과를 해석하여 시설장은 임종 시간을 예측하고 가족에게 연락하고
임종 의례를 진행한다. 따라서 집중관찰 대상이 있거나 특별거실에 임
종 노인이 입실한 날에는 야간 근무자들은 휴게 시간을 지키지 못하는
경우가 많다. 식사를 거부하는 입소노인들도 있는데, 이는 생애말기에
접어든 노인이 죽음 방식의 하나로 식사를 거부하는 사례이다. 이 경우
에는 식혜나 물 등을 통해 영양분을 제공하지만, 물조차도 거부하는 경
우도 있다. 이처럼 입소노인이 식사를 거부하는 경우에는 담당 요양보
호사에게는 해당 입소노인에 대한 집중관찰이 요청되며 야간 근무자는
휴게 시간에도 입소노인 곁에서 취침한다.

임종 돌봄을 위한 관찰은 보호자와 입소노인의 이별 시간을 마련하
고 임종을 지키게 하는 필요조건이다. 관찰 시간은 낮과 밤을 가리지
않으며 사례에 따라서는 2-3일 이상 지속하기도 한다. 임종 돌봄의 어
려움은 임종 시간의 예측에도 있지만, 관찰 과정에도 있어서 책임감과
헌신 등이 필요하다.

→ 임종 돌봄(위생 돌봄, 임종 어르신과 가족의 동행)

임종 어르신이 특별거실로 입실하기 전에 담당 요양보호사는 어르신을 목욕시킨다. 임종 과정에 접어든 후 시작되는 첫 임종 돌봄 서비스이다. 이때는 전신 목욕과 대소변 관리, 귀, 입, 코 등을 깨끗하게 한다. B노인요양원의 임종 돌봄 서비스에서 눈과 귀, 코, 입 등의 위생 돌봄은 중요한 의미를 가지고 있다. 불교 가치에 토대를 두고 있는 B노인요양원에서 죽음은 끝이 아니라 곧 새로운 몸을 얻어 새로운 삶으로 다시 태어나는 과정 중 하나로 여긴다. 따라서 위생 돌봄은 몸을 구성하는 요소들을 깨끗하게 정리하고 다음 생에는 지금과 같이 깨끗한 상태로 태어나기를 바라는 마음을 담고 있다.

> 귀도 콧구멍도, 혀도 입안도 깨끗하게 해요. 다음 생에는 잘 듣고 잘 잡수시고 잘 냄새 맡으라고…(A-4).

현실적인 의미로 어르신을 목욕시키는 것은 염습(殮襲) 단계를 미리 실행한다는 뜻도 있다. 일반적인 장례절차에서 입관 전에 진행되는 염습은 망자의 몸을 씻긴 다음 옷을 입히고 염포로 묶는 단계이다. 최근에는 많은 경우 장례방식으로 화장장을 선택하기 때문에 굳이 전통 방식처럼 망자를 완전하게 묶을 필요가 없다. 이러한 사회 변화를 고려하여 B노인요양원에서는 염습 단계를 생략해도 되도록 어르신을 깨끗하게 목욕시킨다. 그리고 이러한 내용을 보호자들에게 전달한다.

목욕을 마치면 보호자 가족이 준비한 옷과 속옷으로 환복을 한다.[31] 임종 노인의 상황에 따라 환복한 이후 특별거실에 입실하기도 하고 반대

---

31) 대부분 한복으로 준비하지만 일부는 양복으로 준비하기도 한다. 양복으로 준비하는 이유는 종교적 이유가 가장 크다.

로 특별거실에 입실한 이후 환복하기도 한다. 임종 어르신이 특별거실에 입실하면 귀 소지 상태를 중심으로 어르신의 상태를 다시 확인한다.

눈으로는 식별이 안 된다고. 근데 귀로는 끝까지 다 들으세요. 이제 마무리하고 귀로 인사드리고 하는 이유들이 다 수용을 하기 때문에(A-1).

임종 과정 중에도 신체의 여러 기능 중에서 귀를 통해 듣는 것은 가장 오래 유지되기 때문에 가족들의 말을 더 잘 듣기를 바라는 마음을 담고 있다.

입소노인이 임종 과정에 접어들었다고 판단되면 가족에게 연락한다. 이때에는 시설에 들어올 수 있는지 확인하고 하룻밤을 임종 노인과 함께할 수 있도록 권유한다. B노인요양원은 특별거실에서 임종 노인과 함께 지내는 것을 중요시하여 되도록 같이 시간을 보내도록 권장한다.

어머니가 연세도 계시고 오랜 지병을 가지고 계시니까 자연현상이기 때문에 "그대로 수용해서 마무리를 하겠소." 하면은 일단은 보호자들을 콜을 해서 하룻밤을 어르신들하고 같이 계시게 해줘요. 그렇게 해야 그동안 인제 부모하고 떨어져 있었잖아. 자녀들하고. 그리 스킨십을 그렇게 일단 일차적으로 시켜드려요. 그렇게 하고는 하룻밤을 지나고는 익일 들어오는 시간은 본인들이 원하는 시간을 만들고 나가는 거는 익일 05시 30분에 다 나가게 해요. 우리 스케줄 있으니까. 이렇게 해서 첫 타임을 만들어주고(A-1).

보호자에게 말을 해요. 보호자들에게 스킨십 하라고. 어르신이 얼마 남지 않았다고. 어르신하고 하룻밤 정도를 같이 계셔라. 계실 수 있다고 그러면 자리를 내어드린다. 하루를 보낼 수 없다, 어쩔 수 없다(고 그러면). 저희들이 보고 있다가 마지막 임종할 때 오시라고. 임종 보시고 그러거든요. 그런 시스템으로 호스피스가 운영이 되고 있어요(A-4).

임종을 하도록 만들어줘요. 그게 최고의 효도죠. 최고의 관건이니까. 옆에서 같이 숨 거두는 것 같이 해야 되잖아요. 그게 가장 중요한 거거든(A-1).

B노인요양원에서 실천하는 매뉴얼에 따르면 임종 과정에 접어든 어르신과 보호자는 임종 전에 하룻밤을 같이 보내고 다음 날 새벽 시간 보호자는 시설 밖으로 나간다. 이때에는 임종 시간을 예측하고 그 시각에 맞춰 보호자에게 다시 들어올 시간을 정해서 알려준다.

임종 전날의 하룻밤 동행과 임종을 지키기 위해 모인 가족에게 특별한 그 무엇인가를 하기보다는 어르신과 같이 있는 것만으로도 충분하다고 이야기한다. 불교 교리에서는 사람이 임종할 때 올바른 마음을 가지는 것이 매우 중요하다. 이번 생에서 죽은 다음 환생할 곳과 내생의 성향이 임종할 때의 마음 상태에 따라 결정되기 때문이다. 현생에 대해 애착하는 마음도 어르신의 마음을 혼란하게 할 수 있다.[32] 임종을 맞이하는 어르신이 살아오는 동안의 기억을 되살리고 행복하고 청정한 마음을 지니도록 돕는 것은 곁에서 가만히 지켜보는 것이다.

> 자녀들이 옆에 가 있으면 느끼잖아요. 내가 9개월 7일 동안 배 속에 넣어 가지고 같이 호흡을 하고 같이 모든 행위를 같이 했잖아요. 느낌으로 알아요. 그래서 옆에서 그냥 지켜보고 느껴보는 거라고. 마지막에 말을 하고 울고불고 그거 하면 안 돼. 그러면은 그게 인제 귀로 들려서 내 육친이기 때문에 뭔가 걸리잖아. 그죠. 근데 그걸 하지 말라고 그래요. 2시간 동안 옆에 있으면서. 호흡만 체크하세요. 같이. 그리고 너무 막 와 가지고 만지고 이렇게 하면은 자기 시간을 가지고 내가 정말로 지금 이 시간쯤 되면은 내가 살아온 거를 전부 다 유추하면서 반성하거나 자기 살길. 우리가 조용한 시간 누워 있으면 그런 하루를 반성하거나 이런 설정에 들어오잖아요. 그죠. 어떤 인간도 그래, 그지? 바쁘게 살 땐 내가 뭐 지금 숨 쉬는지도 몰라. 그렇지만은 그날 일과를 마치고 씻고 자리에 누웠을 때는 그런 생각, 선생님 하시잖아요. 이런 경우도 자기 생애를 전부 돌이켜 보고 정리하고 한다고. 그럴 때는 조용히 두는 게 좋아요(A-1).

이 시간은 임종 어르신과 가족이 이별하는 시간이기도 하지만 가족 간의 관계를 회복하는 기회가 되기도 한다. 노인요양원에 입소한 노인들은 만성질환으로 오랜 기간 투병 생활을 한 경우가 대부분이다. 그렇

---

32) 박재봉(2019). 「불교의 임종의례 및 시다림 연구」. 동국대학교 석사학위논문. 32쪽.

기 때문에 가족 간에 다툼이 발생하고 관계에 어려움이 많은 가족이 다수이다. 이러한 가족 중에는 하룻밤을 동행하거나 또는 임종 과정을 함께 지키면서 화해하는 경우도 있다고 한다. 돌봄 종사자들은 이러한 상황에서는 특별거실 출입을 삼가고 가족만의 시간을 보장한다.

→ 임종 의례

임종 어르신과 가족의 종교를 반영하여 임종 의례를 실시한다. 불교 신도의 경우에는 불교식 임종 의례를 시설장이 진행한다. 불교식 임종 의례는 죽음에 직면한 임종자가 현세의 모든 집착에서 벗어나 서방정토 세계에 나아갈 수 있도록 돕는 의례이며, 임종자가 임종 직후 편안히 이승을 떠나 극락에 이르도록 임종 장소에서 진행하는 의례이다. 의식을 진행하는 사람에 따라 조금씩 차이가 있지만, 임종 의례는 '삼귀의 → 반야심경 독경 → 독경 → 나무아미타불 염불 → 극락세계 발원문 → 섭수게' 순으로 진행한다. 의례 시간은 임종 장소와 임종자의 상태에 따라 조절한다.[33] 임종 의례 대부분은 불교 경전 독경과 나무아미타불 염불로 구성된다. 이 중에서 아미타불 염불은 아미타불(Amitabha, 阿彌陀佛) 법장의 서원을 믿고 서방정토 극락세계로 왕생하기 위한 불교식 신행활동이다. B노인요양원은 불자인 임종 어르신이 스스로 염불을 기억하고 실천할 수 있도록 종교 프로그램에서 관련 신행활동을 강조한다.

B노인요양원에서 시설장이 진행하는 불교식 임종 의례는 대부분 1시간 이내에 마무리된다. 하지만 임종자의 상황에 따라 1시간보다 빨리 끝나는 경우도 있으며 1시간 이상 걸리기도 한다. 어느 경우이든 시

---

33) 박재봉, 앞의 논문.

설장은 시간에 구애받지 않고 임종 의례를 진행한다. 어느 한 간호팀장은 시설장이 6시간 동안 의례를 집전한 경우도 보았고 오랜 시간 독경하는 시설장에게 가족이 그만하셔도 된다고 말하는 경우도 있었다고 전했다.

임종 노인의 임종이 확인되면 임종 염불을 마무리하고 향을 피운다. 보호자들과 특별거실에 함께 있었던 사람들은 신발을 벗고 임종 노인을 향해 3배를 한다. 3배를 마친 후 가족은 임종 노인의 손을 가슴에 포개어 놓고 손을 잡고 각자 어르신에게 하고 싶은 말을 전한다.

장례식장이 결정되고 구급차가 시설에 도착하기까지 우리나라 고유의 임종 관련 풍습이라는 마지막 의식을 함께한다. 임종 어르신이 가족에게 남겨주는 마지막 공양물을 가족이 함께 나누는 의식이다. 내가 참여했던 두 번의 임종 돌봄 서비스에서는 시설에서 준비한 과일주스가 마지막 공양물로 제공되었다. 시설장은 임종자가 전하는 마지막 공양물을 나누면 무병장수한다는 의미도 있다고 설명하였다. 그 후 가족 대표가 임종 어르신에게 마지막 인사와 다짐을 전하였다. 그리고 가족 대표는 임종을 위해 시설을 찾은 친척과 지인들에게도 임종 어르신의 공양물을 전한다.

임종 돌봄 서비스를 경험한 가족들은 대부분 시설에서 이루어지는 임종 의례에 감명을 받는다고 간호과장은 전하였다. 우리나라에서는 삶의 마무리 의례로 상례(喪禮)가 가장 일반적이다. 상례는 사람이 죽은 이후에 치러지는 의식으로 임종 어르신은 함께하지 못한다. 또한 임종을 위한 공간이 없는 노인요양원이나 병원에서는 임종 의례를 진행하기도 어렵다. 하지만 임종 의례는 임종을 앞두고 있는 어르신과 그 가족에게 죽음이 주는 공포와 불안감을 해소하고 마음의 준비와 위로의 마음을 전달하는 기능이 있다. 그 때문에 임종 의례를 통해 임종 노인과 그 가족은 보다 편안하게 죽음을 맞이할 수 있다. 이를 고려하면 임종 의례를 경험한 보호자들이 감동을 받고 이를 감사해하는 이유가 짐작되었다.

→ 사후행정처리 조언

사후행정처리에 대해 조언하고 돕는 것도 중요한 임종 돌봄 서비스이다. 임종 의례가 시작되면 2차례 정도 사후에 진행되는 행정절차를 돕는 시간이 있다. 어르신이 임종한 후 보호자들이 어르신에게 하는 인사가 마무리되면 시설장은 주보호자와 간단한 면담을 한다. 이때 장례식장과 장례절차, 장사방식 등에 대해 상담 내용을 확인하고 이후 절차를 진행한다. 간호 인력이 보호자를 대신하여 병원이나 장례식장과 연락한다. 또한 임종을 지킨 가족은 그렇지 못한 나머지 가족과 상조회사에도 연락한다. 하지만 이 시간은 필요한 모든 일을 처리하기에는 시간이 짧다.

본격적인 사후행정처리에 관한 논의는 모든 의식이 마무리된 후에 시작된다. 보호자들은 사망 관련 행정 처리 경험이 부족하다. 그 때문에 시설장을 비롯하여 여러 시설 종사자들에게 궁금한 여러 내용을 문의한다. 시설장과 종사자들은 오랜 경험을 바탕으로 보호자들에게 적합하고 유리한 조언을 한다. 장례식장 구급차가 시설에 도착하면 임종 노인 가족에게 유품을 전달한다. 이때 B노인요양원은 사망진단서를 발급하고 가족이 미리 준비한 영정 사진과 함께 유가족에게 전달한다. 영정 사진과 사망진단서는 구급차에 타는 가족이 소지하도록 권장한다.

→ 배웅

어르신이 시설 침상에서 구급차의 이동침대로 옮겨지면 '시설장-간호 인력-간이침대-가족' 순서대로 구급차가 주차된 장소까지 함께 이동한다. B노인요양원이 위치한 건물은 지하 2층에 외부와 연결된 주차장이 있다. 장례식장 구급차는 지하 2층 주차장에 주차하고 어르신을 기다린다([그림 7] 참고). 지상에 있는 요양실에서 어르신을 실은 이동침대는 가족과 함께 승강기를 타고 지하 2층으로 내려온다. 시설장과 돌봄 종사자들은 가족이 도착하기 전에 미리 승강기에서부터 주자창 입구까지 도열해서 어르신을 기다린다. 보호자 가족과 돌봄 종사자들이 인사하고 이동침대가 구급차에 실리고 시야에서 구급차와 가족이 사라질 때까지 시설장과 돌봄 종사자들은 합장을 한 채 도열을 흩트리지 않고 인사를 한다. 임종 과정을 함께 했던 가족이 모두 시설을 떠나면 임종 돌봄 서비스가 마무리된다.

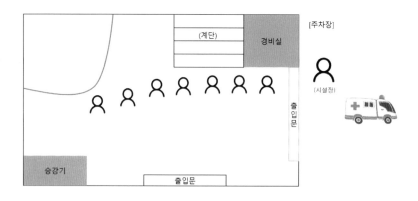

[그림 7] 임종 어르신 배웅 모습

임종 돌봄 서비스의 제반요소

B노인요양원에서 임종 돌봄 서비스는 독립된 서비스 프로그램이 아니다. 다른 서비스 프로그램들처럼 시설의 다른 구성요소들과의 관계

속에서 운영된다. 임종 돌봄 서비스 프로그램과 연관되어 있거나 프로그램 운영을 가능하게 하는 시설의 구성요소를 정리하면 다음과 같다. 특별거실과 사망진단서 발급, 요양실 배치는 원활한 임종 돌봄 서비스 제공을 위한 노력이며, 입소노인과 직원 대상 종교 프로그램은 임종과 죽음에 대한 두려움에 대응하는 노력이다.

특별거실(특별침실)

B노인요양원에서 임종실로 활용하는 특별거실은 법에도 규정되어 있는 시설이다. 대다수 노인요양원에서 특별거실은 입소노인이 임종 후에 보호자가 시설에 도착하고 장례식장으로 이송하기 전까지 임시로 머무는 공간이다. 혹은 보호자의 요청에 의해 시설임종이 결정된 상황에서는 임종 전에 입실하는 공간이다. 이 때문에 대부분 시설에서 특별거실은 시설 외곽에 위치한다. 예비조사에 참여한 시설장 중 한 명은 "특별침실에 어르신이 있는 것이 외로워 보여서 없앴다."고 언급하였다.

하지만 B노인요양원에서 특별거실은 핵심 지역에 위치해 있다. 특별거실의 위치는 B노인요양원에서 생각하는 임종 돌봄의 중요성을 보여준다. [그림 8]에서 확인할 수 있듯이 특별거실은 의사진료실, 원장실과 같은 라인에 위치해 있다. 간호실은 육성이 들리는 거리에 위치해 있다. 특별거실에 관심이 집중되며 언제든지 조치가 가능하다. 특별거실 내부에는 침상이 2개 있으며, 물품보관함과 원형탁자와 의자 등이 비치되어 있다. 그리고 '특별침실 사용수칙'이 벽면에 부착되어 있다.

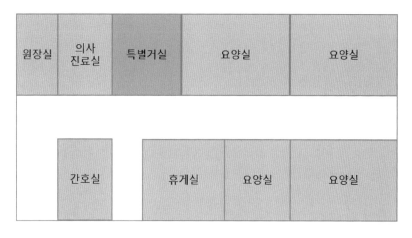

| 원장실 | 의사
진료실 | 특별거실 | 요양실 | 요양실 |

| | 간호실 | 휴게실 | 요양실 | 요양실 |

[그림 8] B노인요양원 내 특별거실 위치

사망진단서 발급

B노인요양원에서 시설임종과 그에 따른 임종 돌봄 서비스를 제공할 수 있는 중요한 조건 중 하나는 사망진단서 발급이 가능하다는 점이다. 「의료법」에 의거해서 사망진단서 발급이 가능하기 때문에 '병원에서의 사망'처럼 경찰의 수사 없이 '장례'를 치를 수 있다. 사망진단서 발급이 불가능한 다른 노인요양원에서 시설임종이 발생하면 경찰의 수사와 검사 지시를 통해 장례 진행 여부가 결정된다. 이러한 이유에서 일반 노인요양원에서는 '시설임종'이 병원에서의 임종보다 낫다고 생각하지만 실천하지 못한다.

원장님이 계시고, 또 관장스님이 한의사세요. 의사 선생님이 여기 상주해 있고, 사망진단서를 발급해 줄 수 있어서 호스피스가 가능한 거예요. 의사 선생님이 상주해 있지 않으면 호스피스 병동을 운영할 수가 없어요(A-4).

관장스님한테 우리 □□ 어르신이 이렇게, 이렇게 하니까 한번 보시고 옵시다, 하고 그 방특별거실을 들어갔다가. ○층에 있는 할머니. □□ 어르신 방에 들어와 가지고 여기가 아프다고. 그래서 그러면 내가 안 아프게 해드릴게요(A-1).

B노인요양원에서는 서울시 B구에서 한의원을 운영하고 있는 상임이사를 통해 사망진단서 발급이 가능하다. 상임이사는 시설의 촉탁의로 매주 입소노인을 대상으로 한방진료를 하고 있다. 게다가 그는 시설에 거처를 두고 한의원에 출퇴근을 하고 있어서 출근 전과 퇴근 후 관찰대상 어르신을 진료한다. 이처럼 한의사에 의한 실질적인 진료가 이루어지고 있기 때문에 B노인요양원에서는 입소노인에게 이상 상황이나 응급 상황이 발생하면 즉각적인 대처도 가능하다.

입소노인 요양실 배치

B노인요양원의 시설현황표에 의하면 4인 요양실이 64실과 치매전담실 2실이 운영되고 있다. B노인요양원에서는 시설장이 질환의 종류와 진행경과, 종교, 성향 등을 고려하여 입소노인의 요양실을 직접 배치한다. 이를 위해 입소상담 시에 자세한 내용을 파악하려 노력하고 되도록 어르신에게 직접 묻고 답하는 방식을 취한다. 어르신을 통해 얻지 못한 정보는 가족에게 추가로 확인한다. 입소상담은 보통 30분에서 60분 정도가 소요된다.

B노인요양원은 불교에 기반을 두고 있어서 입소노인의 약 55%는 불교 신자이고 20%는 기독교(개신교와 천주교) 신도이다. 종교가 다른 기독교 신도들을 위해 '마리아실'과 '예수실'이라고 명칭을 붙인 요양실을 운영하고 있으며, 두 요양실은 표찰을 통해 외부에 공식적으로 드러나 있다. 이 요양실에는 같은 종교를 믿는 요양보호사를 우선적으로 배치한다. 또한 마리아실과 예수실 옆에는 종교 프로그램실을 마련하여

종교활동을 지원한다. 개신교 의식은 격주 ○요일, 천주교 의식은 1달에 1회 진행한다.

또한 B노인요양원은 입소노인의 건강 상태를 반영하여 요양실을 배치한다. 병원에 입원해서 치료를 마치고 재입소한 어르신이나 새로 입소한 어르신 중에서 건강이 좋지 않은 분은 원장실과 가장 가까운 요양실에 배치되어 상황이 안정화될 때까지 집중 관찰하고 이후 건강을 회복하면 요양실을 재배치하였다.

B노인요양원에는 시설 종사자들 사이에서 '집중실'이라고 불리는 요양실이 있다. 집중실은 최근 정부에서 시범사업 중인 전문요양실과 유사하다. 집중실에는 기구기재를 하는 입소노인들이 배치된다. 남성 노인이 배치된 4개 실과 여성 노인이 배치된 6개 실이 있다. 일반요양실의 경우에도 여자 노인들은 층별로 건강 상태가 비슷한 어르신들로 배치되어 있다. 때문에 층마다 어르신들의 건강상태가 다르다. 또한 특별거실이 위치한 층에는 기구기재를 하고 있는 여자 어르신들이 있는 집중실이 있고 특별거실에 가까울수록 건강 상태가 더 나쁜 것으로 이해된다.

우리 지금 여기 시스템이 ○층하고 ◇층은 중환자가 별로 없어요. 근데 이제 △층에는 치매전담실도 있지만, 이쪽에 기구기재 하고 계시는 남자 어르신들이 계세요. □층은 여자 어르신들 계시고. 그리고 주로 □층은 와상환자들이 많구요. ○·◇·△층에서 계시다가 이제 좀 안 좋으신 분들이 □층으로 내려오세요. □층으로 내려와서 A동 쪽으로 계시다가 이제 임종이 가까이 되면 이쪽[특별거실]으로 모시고. □층 여기 두 방은 조금 있다 보여줄 건데, 두 방은 기구기재, 엘튜브, 콧줄을 끼고 있다든가, 소변줄을 끼고 있다든가 아니면 여기 캐뉼라, 가래, 기관지 절개한 사람들, 집중 관리를 해야 되는 사람들인데, □층은 여자 어르신들 여기로 모시고, 남자 어르신은 △층에 모셔 났어요. 주로 보면은 ○·◇층은 중환자들이 별로 없어요(A-4).

이러한 요양실 배치로 인해 요양실 단위로 건강 상태가 파악되었다.

요양보호사들은 요양실 단위로 건강 상태를 '가볍다' 혹은 '무겁다'로 표현하고 있었다. '무겁다'는 거동이 불편한 입소노인이 많은 상태이며, 반대로 '가볍다'는 거동이 자유로운 입소노인이 많다는 의미이다. 요양실 유형별 건강 상태는 임종 돌봄 상담 현황을 통해서도 확인된다. B노인요양원의 요양실 유형은 일반실과 집중실, 치매전담실로 구분할 수 있다. 경증 입소노인들이 생활하는 치매전담실의 경우 임종 돌봄 상담을 완료한 비율은 20.8%에 불과하지만 일반실에서의 비율은 27.8%로 증가하였고 집중실의 경우는 절반(57.1%)이 넘었다. 이는 요양실 유형에 따라 건강 상태가 다르다는 점을 보여준다. 또한 건강 상태가 나쁠수록 시설과 보호자 모두 임종을 생각하고 있다는 점도 추측 가능하다. 또한 이러한 입소노인의 요양실 배치는 관찰에 따르는 종사자들의 부담을 줄이는 효과도 있을 것이라 생각된다.

입소노인 대상 종교 프로그램

불교에 기반을 두고 있는 B노인요양원에서는 4가지 유형(① 월례법회, ② 지장재일법회, ③ 새벽예불, ④ 일요법회[34])의 종교 프로그램을 자체적으로 운영하고 있다. 종교 프로그램에 따라 참석 대상과 목적이 상이하다. 월례법회는 직원 대상 종교 프로그램이며, 새벽예불과 일요법회는 입소노인 대상 프로그램이다. 마지막으로 지장재일법회의 주 참석대상은 간호와 요양보호 인력이며 일부 어르신들도 참석한다.

B노인요양원이 지향하는 불교적 가치는 정서적·영적 프로그램에서 강하게 드러난다. 시설 내 종교 프로그램실 중 하나로 법당이 있다. 법당 관리와 법회는 간호부서 직원들이 주담당자이고 요양보호사들이 보

---

34) 일요법회는 매주 일요일 입소노인을 대상으로 진행하고 보통 30-40명이 참석한다. 외부 법사(法師)가 진행하며 불공과 법문으로 구성된다.

조하도록 업무가 분장되어 있다. 법당 옆에는 법회 때 불단에 올리는 밥을 지을 수 있는 작은 주방도 있다. 새벽예불은 승려인 상임이사가 진행한다. 매일 이루어지는 새벽예불 참석인원은 유동적이지만 40-50명 사이를 유지한다. 법당에서는 남자 어르신과 여자 어르신의 좌석이 구분되어 있고 1-2명의 요양보호사들이 어르신들의 뒤에서 대기하고 있다.

5시에 진행되는 새벽예불에 참석하기 위해서는 4시에 기상해서 4시 30분부터는 법당에 갈 준비를 마쳐야 한다. 이 때문에 일부 요양보호사들은 새벽예불 참석 준비가 노동 강도를 높이는 하나의 요인이라고 설명하였다. 새벽예불에 참석하는 입소노인 중에는 건강 상태가 비교적 양호하여 법회 참석을 혼자 준비하는 노인도 있었다. 하지만 대부분은 요양보호사의 손을 빌려야 한다.

> 아마 다른 복지관 가도 다른 요양원 가도 아침에 예불 모시는 게 힘든 거예요. 왜냐하면 굉장히 힘들거든요. 우선 혼자 못 일어나시잖아요. 이렇게 앉혀 가지고 휠체어에 앉힌단 말이에요. 앉혀 가지고 법당에 모셔다 드려야 한다고. 끝나면 또 모시고 가야 하고. 그러면 또 그게 이제 요양[보호]사 선생님들이 힘든 거죠. 자리에 옮기고 이동하고 하는 것도 힘든데. 아침부터 그걸 해야 하잖아요(A-2).

아침 식사 전까지 담당 입소노인들의 세수와 대소변 관리, 기저귀 교체를 마치기 위해서는 시간이 빠듯하다고 하였다. B노인요양원은 다른 노인요양원과 달리 매일 아침 모든 입소노인에게 뒷물을 시행하고 있어 더욱 그러하였다. 세수와 기저귀 교체 등의 일상생활 돌봄을 마치고 휠체어를 타고 승강기를 이용해 종교 프로그램실로 이동한다. 이처럼 새벽예불 참석 준비는 요양보호사에게 부담이 되지만 요양보호사도 대부분 불자이기 때문인지 큰 불평 없이 서비스를 수행하고 있었다.

이처럼 번거로운 과정을 거쳐야 하지만 입소노인들은 새벽예불에 참여하는 것을 좋아하였다. 불자로서 예불에 참석한다는 당위성도 있지만, 법문을 통해 죽음과 다음 생(生)을 준비할 수 있는 활동을 익히고 실천한다는 점과 노래를 배우고 몸을 움직이는 프로그램을 좋아하였다. 참여관찰을 마무리하던 시기에 시설 사정으로 일주일 정도 새벽예불을 시행하지 못했다. 이때 여러 입소노인이 새벽예불이 실행되기를 희망하였다.

> 한 50명 정도가 법회에 나옵니다. 어르신들이 한 70% 이상이 불교예요. 불교에서 만들었기 때문에 불자로 들어와서 계시고, 예불을 드릴 수 있다는 것에 대해서 아주 좋아해요. 그래서 또 가족들도 그런 관계를 아는 관계로 어르신을 다른 데에 모시더라도 우선 여기 못 들어오면 다른 데에 모시더라도 여기 자리 만들어지면 들어오시는 거예요. 아침예불을 드릴 수 있다는 것. (중략) 어르신들은 의식 있는 어르신들은 그게 제일 좋은 프로그램이라고 해요(A-2).

> 아침에 예불 모시고 그다음에 한 15분에서 20분 정도 시간 내 가지고 명상도 하고 법문도 해드리고 노래도 배우고. (중략) [노래 부르기는] 일주일에 한 3번 정도. 왜냐면 다른 프로그램 해야 되니까요. 명상도 하고 법문도 하고 또 생활수칙에 대한 얘기도 하고, 이제 죽음에 대해서도 얘기하고. (연구자 질문: 그러면 예불 지낸 다음에 하시는 말씀들 레퍼토리가 다양하네요?) 예. [새벽예불을] 교육 시간으로 잡아서 하니까(A-2).

새벽예불은 1시간 정도 진행된다. 새벽예불은 명상수행과 예불, 법문, 노래 익히기, 공지사항과 생활수칙 전달, 마음 정리 등 다양한 프로그램으로 구성되어 있다.

마음 정리

새벽예불은 입소노인들의 마음을 정리하는 프로그램으로 마무리된다. 부처님, 가족(아들과 딸), 선생님(요양보호사, 간호(조무)사)에게 사랑한다는 말을 전하고, 자신의 이름을 말하고 '살아줘서 고맙다.'라고 스스로를 칭찬하고 사랑한다는 말을 전하는 프로그램이다. 프로그램을 통해 입소노인들은 세 가지 마음(자기 자신을 향하는 마음, 가족 특히 자녀들에 대한 마음, 죽음을 두려워하는 마음)을 정리한다. 첫 번째 마음은 자기 자신을 향하는 마음이고, 두 번째는 가족, 특히 자녀들에 대한 마음, 마지막은 죽음에 대한 두려움을 해소하는 마음 정리이다.

첫 번째, 자기 자신을 향하는 마음을 정리한다. 노년의 삶이 무가치하고 무기력한 것으로 폄하되고 노인요양원에서의 생활이 격리 생활로 여겨지는 사회 분위기에서 입소노인들은 자신을 긍정하기보다는 부정적일 가능성이 크다. 이로 인해 스스로에게 상처를 줄 수 있는 현실에서 그동안 잘 살아왔다고 이만큼 살아온 것만으로도 칭찬받을 만하다는 법문은 법회에 참가한 입소노인들의 자부심을 높이고 동시에 그들을 위로한다.

> 노래가 내 인생의 박수라고 하니까. 얼마나 좋은 노랩니까? 그래서 오늘도 어르신들 80, 90, 100, 100세까지 사신 것만 해도 성공한 것이죠. 성공하신 거죠. 그래서 오래오래 건강하게 사시고. 더구나 또 ○○대학에, 대학에 입학을 하셨으니 얼마나 좋으시냐고. ○○대학생으로서 살아가는 것이 좋더라. 그래서 오늘도 기도 많이 하시고 또 좋은 하루 만들어 봅시다(A-2).

새벽예불 프로그램을 마친 후에는 자신의 삶을 긍정하고 오늘 하루도 좋은 하루로 만들겠다고 다짐하는 시간이 있다. 자신의 이름을 크게 부르고 사랑한다고 이야기하고 살아줘서 고맙다고 자신에게 전한다. 살아온 지난 삶이 모두 괜찮다고 위로하고 오늘 하루도 잘 살겠다고 다짐하는 시간이다. 새벽예불을 참관할 때마다 휠체어에 앉은 50여 명의 어르신들이 자신의 삶을 긍정하고 오늘 하루도 좋은 하루로 만들겠다는 외침은 나에게 감동을 주었다.

자기를 딱 껴안고 자기 이름을 크게 부릅니다.

[새벽예불 참여자들 다 함께]

○○○ 사랑해. ○○○ 사랑해. ○○○ 사랑해.

살아줘서 고마워. 살아줘서 고마워. 살아줘서 고마워.

괜찮아. 괜찮아. 괜찮아.

잘될 거야. 잘될 거야. 모두 다 잘될 거야.

오늘도 웃으며 살겠습니다.

오늘도 웃으며 살겠습니다.

오늘도 좋은 하루 만들겠습니다.

오늘도 좋은 하루 만들겠습니다.

두 번째, 가족을 향한 마음을 정리한다. 마음 정리 시간에는 자녀들에게 '감사하다', '사랑한다'는 말을 한다. 또한 법회를 주관하는 상임이사는 법문을 통해 자녀들이 면회 왔을 때 감사하다고, 사랑한다고 말하도록 반복해서 조언한다. 노인요양원 입소노인들은 노화와 노인성 질환으로 인해 회복을 위한 치료보다는 일상생활을 위해 시설에 입소하였다. 그 때문에 구체적인 기일이 정해지지는 않았지만 거동이 불편해지는 시기가 오고 침대에서 벗어나기 어려운 와상상태가 된다. 와상상태가 되면 치매가 없었더라도 치매가 걸릴 가능성도 높아진다. 현재 치매 증상이 있다면 시간이 지날수록 증상이 심해지고 언젠가는 가족도 몰라보는 상황이 올 수 있다. 이때를 대비해서 사랑한다는 말과 감사한다는 말에 익숙해지도록 마음 정리 시간에 반복하고, 가족들에게 이야기하라고 상임이사는 권유한다.

우리 어르신들도 연습시켜요. 사랑한다, 고맙다, 잘 살아라. 그게 아니겠느냐고. 왜냐면 나중에 가실 때 인사를 못 하고 가시거든요. 인사를 못 하시니까. 말씀을 못 하시니까 그러면 서로 마음이 그렇잖아요. 평소에 그런 얘기를 하셨으면 되는데. 평소에 못 하고 하셨다 그러면 서로 마음이 통하지 않는 상태에서 가신 거잖아요. 평소에 어머니가 너 참 고맙다, 너 사랑한다. 막 이렇게 얘기하고 내가 간 다음에 너희들끼리 형제끼리 잘 살아. 이렇게 평소에 얘기를 했으면 "어머니가 그랬어." 딱 그게 안심이 되는데 그렇지 않은 경우가 많기 때문에 내가 어르신들한테. 그래서 특히 토요일, 일요일 날 같은 때면 일부러 인사시켜. 손잡고 고맙다, 사랑한다, 꼭 자녀들한테 하라고. 내가 간 다음에도 잘 살아라. 이렇게 그 얘기를 하시면 그것이 유언처럼 된다고. 그래 가지고 연습시켜요. (중략) 토요일, 일요일마다 가족들 많이 오는 날. 어머니가 나한테 그 감사하다고 고맙다고 늘 얘기하시면 그게 마음에 남잖아요. 엄마가 나한테 고맙다 했다. 근데 아무 말씀 안 하고 생뚱하게 하면 섭섭하잖아요, 마음이. 나도 섭섭하고 애들한테 인제 어머니가 고맙다 하면 자식들도 어머니 사랑합니다, 고맙습니다. 하고 서로서로 고마워하는 마음이 싹트 게 되니까(A-2).

세 번째, 죽음을 향하는 두려운 마음도 정리한다. 사람들은 죽음에 대한 공포가 있다. 이때의 두려움은 임종 과정에서의 육체적 고통에 대한 두려움이기도 하지만 사후 세계에 대한 두려움이기도 하다. 새벽예불에 참여하는 입소노인들은 불교 신도들이다. 상임이사는 불자인 입소노인들에게 불교 교리에 기반하여 죽음과 죽음 이후의 세계에 대해서 설명한다. '윤회'에 기초하여 죽음은 끝이 아니라 새로운 시작이라는 점을 강조하고 극락왕생을 위한 아미타불 염불 수행을 권장한다.

내생에 뭐로 태어나고 싶으시냐고 물어보면 내생에 의사 하고 싶다고 그러시고. 여자로 오고 싶고 남자고 오고 싶고 그 얘기 하시고. 그러면 정리가 되는 거예요. 나는 죽어서 몸 바꿔서 의사로 태어난다. 어떤 할머니가 계셨는데 그 할머니가 암에 걸리셨어요. 대장암. 그래서 굉장히 아파하셨거든요. 아파하셔 가지고 ○○하고 그랬어요. '어르신 우리가 이 요양원을 계속 운영하고 있을 텐데 어르신이 내생에 의사로 태어나고 싶어 하셨으니까 의사로 오시라. 그래서 30년 후면은 우리가 노인이 돼 있을 거라고. ○ 원장하고 나하고 노인이 돼 있을 테니까 그때 의사로 오셔 가지고 우리를 잘 돌봐 달라.'고. 그러니까 (웃음) 좋아 가지고. 그게 희망이잖아요. 내가 몸 바꿔서 남자로 다시 온다고. 내생에 의사로 온다. 희망이잖아요. 이 몸 버려버리고. 그니까 죽음에도 두려움이 없는 거예요. 그래서 편안하게 가시고 그렇게 하고. 어떤 분들은 또 원력을 세우셔 가지고 여자 ○○ 어르신이라고 계시는데 그 어르신은 내생에 대통령 하고 싶다는 거예요. 금생에 다 못하고 자녀 키우고 뭐 하고. 못 했는데 '나는 정치가가 돼서 대통령 하고 싶다.'는 거예요. '그럼, 염불하세요.'라고. 열심히 하시는 거예요. 염불을. 어떤 남자 어르신은 또 내무부 장관을 하고 싶으시데요. 그래서 법당에 와 염불하시는 거예요. 그분도 편안하게 가시고. 그니까 희망을 가지고, 의사가 되고 싶다, 희망을 가지고. 그래서 그런 얘기를 해드리거든요(A-2).

법문 시간에 윤회와 연관된 다양한 일화를 찾아서 전해 준다. 상임이 사는 한 번에 그치지 않고 자주 반복한다고 강조하였다. 여러 번 반복하여 어르신들이 기억할 수 있도록, 그래서 다음 생에 대한 기대를 품도록 하는 것이다. 법회에서는 윤회와 더불어 아미타불 수행도 강조한다. 불교에는 임종 시에 아미타불 염불을 10회만 진심으로 하면 극락세계에 왕생한다는 교리도 있다. 이에 따라 평상시에도 아미타불 염불을 외우고, 입에 익어서 임종 순간에도 아미타불 염불을 하도록 전한다.

어르신들, 어디 그~ 모두 극락세계에 가시는 거 모두 믿나요? 믿으시나요? (입소인들: 예. 믿어야죠.) 믿어야죠! (모두 웃음) 오늘 저녁에라도 몸 바꾸시면 극락세계도 쑥 가실 거죠. 가셔 가지고 거기서 계시다가 거기서 공부 좀 하고 다시 인간 몸 받아서 오시면 아주 좋을 것 같습니다(A-2).

B노인요양원에서 새벽예불은 단순한 종교의식이기보다는 입소노인의 삶의 마무리를 돕는 정서적 · 영적 돌봄 서비스 역할을 하고 있었다. 시설 내에서 유일하게 직접적으로 죽음에 대해 이야기하는 시간이며 잘 죽기 위해서 무엇을 해야 하는지 종교적으로 설명하는 시간이다. '좋은 죽음'을 위한 종교적 가르침을 구체적이고 상징적인 방법으로 배우는 시간이다. 그리고 무엇보다 어르신들의 삶에 대해 긍정적으로 이야기하는 시간이다.

■ 임종 돌봄 서비스가 가능한 '좋은 조건'

사망진단서 발급이 가능한 노인요양원

임종 돌봄은 현행 법체계에서는 노인요양원의 업무가 아니다. 이상 징후나 응급 징후가 발견되면 119나 129를 호출해서 해당 입소노인을 병원으로 이송하고 보호자에게 연락하는 것으로 노인요양원은 법적 책임을 다한 것이다. 그럼에도 B노인요양원에서 임종 돌봄 서비스를 제공하는 이유는 다른 요양원과 달리 임종 돌봄을 실천할 수 있는 조건을 갖추고 있기 때문이다. 돌봄 종사자들과 심층면담은 대부분 B노인요양원에서 임종 돌봄이 가능한 이유에 대한 설명으로 시작하였다.

> 우리는 여기에 상주하고 계시는 관장이 한의사세요. 의사가 있기 때문에 그리고 제가 이제 불자로서 터미널 스테이지 환자를 긴 시간 관리를 해왔기 때문에 호스피스를 하는 대상을 상담을 해서 정리를 해 가지고 여기서 모셔서 마지막까지 사망진단서를 해서 영정 사진을 가지면 법적으로 영안실로 바로 가게 되어 있어요. 근데 그 편리한 도구를 이용해 가지고 어르신들을 마지막까지 편하게 모시고자, 이제 이 사업을 여기서 하는 거야(A-1).

> 근데 하는 데가 드물어요. 어제같이 문제 생기면 거기에 대해서 의사가 봐야 되는데 보질 못하잖아요. 현장에 없기 때문에. 나는 아침에 보고 점심에 뭐 항상 수시로 이렇게 보지만. 일반 의사는 그걸 할 수가 없잖아요. 촉탁의도 한 달에 두 번 들어오기 때문에 못 보잖아요. 그러기 때문에 의사가 없는 상태에서는 호스피스 하기 힘들어요. 왜냐하면 만일에 여기서 돌아가셨다고 그러면 의사가 진단서를 못 쓰잖아요. 안 봤으니까. 그러면 결국은 검시를 해야 되고 잘못하면 경찰이 와야 되고 그러거든요. 경찰이 와서 검시를 해야 된다고. 그렇게 잘못되면, 좀 안 좋으면 사체 시안도 해야 된다고. 부검도 해야 된다고. 그러니까 굉장히 복잡한 거예요(A-2).

> 우리가 여기서는 관장스님이 한의사라서 아침에 다 둘러보고 가면은 사망진단서를 발급이 가능하거든요. 진단서 발급이 가능하기 때문에 여기서 호스피스를 해요(A-3).

> 우리 의사 선생님이, 관장스님이 한의사세요. 의사 선생님이 여기 상주하고 계시니까, 사망진단서를 떼어 줄 수 있으니까 호스피스가 가능한 거예요. 의사 선생님이 상주 안 하시면, 호스피스 병동을 운영할 수가 없어요. 그래서 이제 사망을 하면 그렇게 해주시고(A-4).

현업에 종사하는 의료인이 언제든지 진료할 수 있는 상태로 시설과 관계를 맺고 있기 때문에 사망진단서가 발급 가능하다고 설명하였다. 시설 종사자들은 병원 밖 사망 이후 이어지는 처리 절차의 필요성과 정당성을 인정하고 있다. 그러나 경찰 수사의 정당성과 별개로 경찰 수

사는 그 자체로 시설에 큰 부담이 된다고 하였다. 그래서 B노인요양원의 상황을 '좋은 조건'으로 표현하였다.

119를 부르면 어떤 경우든지 나가서 가지고 병원에서 응급조치 소생이 안 되면 조사를 해야 돼. 양쪽 다. 그런 개념으로 119가 들어와 가지고 경찰이 와서 그 선생님하고 뭘 했나 봐. (중략) 어젯밤에 경찰서에 갔다 왔다면서 뭐 이러고저러고. 경찰은 또 자기네들이 해야 될 의무가 있잖아요. (중략) 우리 야간 선생님이 "원장님 ○ 선생을 경찰이 데리고 갔는데요"(A-1).

근데 우리 여건이 그냥은 뭐 또 병원에 나가서 응급실에서 사체 검안을 하고 이런 걸 해야 되지만은, 우리는 조건이 좋잖아요. 관장스님이 의사인 관계로 관장스님이 늘 여기서 어르신들하고 같이 동거동락을 하시니까, 사망진단서를 발부할 수 있는 그런 여건이 만들어져 있기 때문에 여기 내가 이렇게 열심히 기도를 하는 거예요(A-1).

(연구자 질문: 확실한 건 요양원에서도 이런 요구가 있다는 건) 있지요. 요양원에서는 불안한 게 뭐냐면 돌아가셨을 때 처치 문제, 어떻게 처리할 거냐, 행정적으로 그런 것들이 상당히 문제가 되는 거죠(A-2).

충분한 임상 경험

임종 돌봄 서비스가 가능한 또 다른 이유는 오랜 경험이다. 시설에서 어르신을 상대하는 돌봄 종사자들은 오랜 근무기간 동안 다양한 사례를 경험하였다. 특히 임종 돌봄 서비스에서 핵심 역할을 담당하고 있는 상임이사와 시설장은 20년 동안 노인복지현장에서 활동하였다.

여기도 간호팀에서 호스피스 경험이 많아 가지고 우리 원장 같은 경우에는 경험이 많기 때문에 환자를 보잖아요. 아픈 데를 다 치료해 주고 보고 다 할 수 있기 때문에 하지. 이 간호 인력이 없으면 못 하는 거예요. 간호 인력이 없으면 못 해요(A-2).

이 호흡이 와요. 호흡 변화가 오면서 사람이 돌아가실 때는 바이탈이 흔들리면서 혈압이 떨어진다든지, 맥박이 빠르다든지. 그 바이탈이 깨지거든요. 그러면 그런 거를 갖고 우리가 몇 시간 얼마, 얼마, 측정을 해서, 하는데 원장님은 오랜 경험을 많이 하셔 가지고 대충 이제 가는 시간까지…. 우리가 데이터를 쭉 봐 가지고 데이터가 며칠부터 흔들렸으니 며칠에 가시겠다. 그리고 가시면 어르신들이 청색증이 와요. 그러면, 혈액순환이 어디까지 오면 72시까지 가더라. 그런 거를 경험으로 데이터를 또 바이탈 데이터를 가가고 그걸 하셔 가지고 하는 거예요(A-3).

임종도. 저도 원장님하고 저하고 제일 많이 같이 있었기 때문에 그 임종 근무를 가장 많이 했었어요. 그래서 이제 저 혼자서도 한 적도 있거든요, 해 놓은 분들은 돌아가실 때 마무리하고 원장님은 불교니까 기도를 해주시고, 천주교 신자들은 사도신경 하시고 해주시지만 저는 그것까지는 못 해도 인제 거기 돌아가실 때는 이렇게 해서 보호자들하고 같이 해서 지금 호흡 변화 왔습니다. 그런 것까지는 해줘요(A-3).

상임이사와 시설장 외에도 다른 간호 인력들도 충분한 임상 경험이 있어서 임종 징후를 해석할 수 있었다. 노인요양시설에 종사하는 간호사를 대상으로 하는 선행연구와 노인요양원 종사자들과의 면담에서도 이러한 사실을 확인할 수 있었다. 간호과장도 "변화가 오면 간호사들은 좀 알 거예요. 간호사를 했거나 의료진들은 아는데."라며 임종 증후 해석은 축적된 바이탈 사인의 해석으로 가능하다는 점을 확인해 주었다. 다만 임종 어르신과 가족들의 하룻밤 동행과 임종 지키기, 임종 의례를 위한 임종 시각 예측은 좀 더 많은 임상 경험이 축적되어야 한다고 언급하였다.

보론.
노인장기요양시설에서의
임종

■ 노년의 죽음 이해하기

노년기 죽음 관련 정책

현재 우리나라의 죽음과 관련된 정책·제도는 다음과 같다. 중앙부처 차원에서는 장기·인체 조직 기증 및 이식(보건복지부), 요양비(보건복지부), 호스피스·완화의료 서비스(보건복지부), 연명의료(보건복지부), 장사제도(보건복지부), 유족연금(보건복지부), 사망신고(대법원) 등이 있다. 지방자치단체는 조례를 중심으로 보다 구체적인 사업들을 시행하고 있다. 웰다잉 문화 조성에 관한 조례(서울, 부산, 대전, 울산, 경기, 충북, 충남, 경북, 경남, 제주 등 31개 지자체), 고독사 예방 사업(312개 지자체), 죽음 준비 교육·상담, 가정 호스피스·완화의료 사업(대전시, 부산시 등), 공영장례사업(서울시 금천구, 광주 서구, 대전 서구, 충북 괴산군, 전남 신안군), 무연고자 장례 지원(서울시. 시민단체와 연계하여 진행) 등이 대표적인 예이다.[35]

이러한 정책이나 제도를 생애주기의 노년기에 해당하는 정책으로 구분하여 정리하기도 한다. 김경래 등은 80세 이상 노인을 고령후기노인

---

35) 정경희·서제희·이선희(2018). 『웰다잉(Well-dying)을 위한 제도적 기반 마련 방안-총괄보고서』. 세종: 한국보건사회연구원.

으로 구분하고 이들에 대한 정책을 ① 생활기반 안정(well-being) 정책과 ② 생애마무리 지원(well-dying) 정책으로 구분하여 접근한다.[36] 이 중 생애마무리 정책은 ① 완화의료·호스피스, ② 존엄사, ③ 고독사 예방 대책, ④ 죽음 교육 및 죽음 준비, ⑤ 사별가족 지원 정책을 포함한다. 생애안정 정책에 포함된 재택의료 서비스는 실질적으로는 완화의료·호스피스와 동일한 서비스로서 의사에 의한 재택진료 서비스, 간호사에 의한 가정간호 서비스, 의사·간호사·사회복지사 등에 의한 가정 호스피스 등이 포함된다. 호스피스 서비스는 김경래 등이 생애마무리 정책으로 분류한 대표적인 서비스이다. 완화의료·호스피스는 연명치료결정법에 의해 말기 환자 또는 임종 과정에 있는 환자에게 적용되며, 입원형 호스피스와 가정형 호스피스, 자문형 호스피스로 구분된다.

노년기 죽음의 질 제고라는 보다 구체적인 정책목표를 제시한 정경희·김경래 등은 '죽음 여정'이라는 개념을 도입하고 노년기를 생애후반기, 임종전기, 임종, 임종후기로 세분화하였다.[37] 본 연구에서 사용하는 용어와 비교하면 임종전기는 생애말기, 임종후기는 사후에 해당한다. 지금까지 검토한 죽음 관련 정책과 제도 사항을 본 연구의 죽음 여정에 맞추어 재구성하면 <표 5>와 같다.

<표 5>를 통해 확인할 수 있듯이 죽음 관련 정책은 주로 생애 후반기에 집중되어 있다. 따라서 생애말기와 임종 과정에 있는 노인들을 위한 정책은 호스피스 서비스가 유일하다고 할 수 있을 것이다.

---

36) 김경래·황남희·정진욱·송기민·양찬미·이수현(2016). 『초고령사회 고령후기 노인을 위한 생애말기 정책 지원방안 연구』. 세종: 한국보건사회연구원.
37) 정경희·김경래·서제희·유재언·이선희·김현정(2018). 『죽음의 질 제고를 통한 노년기 존엄성 확보 방안』. 세종: 한국보건사회연구원.

〈표 5〉 죽음 관련 정책 및 제도

생애 후반기	생애말기 - 임종 과정	사후
장기·인체 조직 기증 및 이식 요양비 웰다잉문화 조성을 위한 사업 고독사 예방사업 죽음 준비 교육과 상담 사전연명의료의향서	호스피스·완화의료 연명의료	장사제도 유족연금 공영장례사업

자료: 정경희·김경래 외(2018), p.175 〈표 6-1〉을 재구성

노년기 사망 관련 통계와 사망의 특징

고령화로 인해 노인 인구도 증가하지만 노인 사망자 수도 증가한다. 「2020년 사망원인통계」에 따르면 총 사망자 수는 237,831명이다. 1983년 사망원인통계 작성 이래 최대 규모였던 2018년 298,820명에 비해서는 그 규모가 감소하였다. 하지만 여전히 65세 이상 노인 사망자는 21만 명으로 전체 사망자 중에서 78.0%를 차지하고 있으며 연령대를 세분화하면 80-84세 사망자 수가 55,154명으로 가장 많다. 주목할 점은 10만 명당 사망자 수를 의미하는 조사망률은 연령대가 높아질수록 급격하게 상승한다는 점이다. 65-69세의 조사망률은 804.4명인데, 80-84세에서는 4,964.8명, 90세 이상에서는 18,091.9명으로 증가하였다(<표 6> 참고).

〈표 6〉 65세 이상 사망자 수 및 조사망률

	사망자 수(명)	사망률(10만명당, 명)
65세 이상	237,831(78.0)	2,923.7
65 - 69세	21,201(7.0)	804.4
70 - 74세	26,466(8.7)	1,322.8
75 - 79세	41,835(13.7)	2,610.3
80 - 84세	55,154(18.1)	4,964.8
85 - 89세	50,632(16.6)	9,211.7
90세 이상	42,543(14.0)	18,091.9

자료 : 통계청(2021). 2020년 사망원인통계(www.kosisi.kr)
주 : (   )안 전체 사망자 수 대비 비율(%)

노인 사망자 수와 조사망률에 대한 시계열 자료를 정리한 [그림 9]를 통해 노인 사망 경향을 보다 분명하게 확인할 수 있다. 사망자 수는 지속적으로 늘고 있고 증가 폭은 줄어들고 있다. 반면에 조사망률은 지속적으로 감소하고 있고 감소 폭도 줄어들고 있다. <표 7>에서는 보다 구체적인 사망자 수와 조사망률을 확인할 수 있다. 1990년 65세 이상 사망자는 12만 4천 명에서 2020년 23만 7천 명으로 증가하였다. 전체 사망자 중 65세 이상이 차지하는 비중은 1990년 51.4%에서 2020년 78.0%로 증가하였다. 반대로 조사망률은 1990년 5,647.9명에서 2018년 2,923.7명으로 감소하였다. 80세 이상 사망자에서도 같은 흐름을 확인할 수 있다.

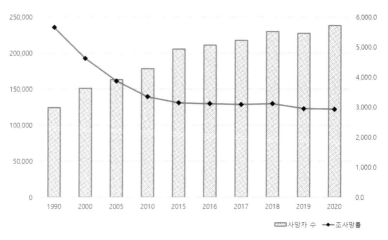

자료 : 통계청(2021), 2020년 사망원인통계

[그림 9] 연도별 65세 이상 사망자 수 및 조사망률

<표 8>에서 보듯이 50대와 60세 이상의 사망 원인은 다르다. 60세 이상에서도 60대와 70대, 80세 이상의 사망 원인에는 차이가 있다.

<표 7> 연도별 65세 이상과 80세 이상 사망자 수 및 조사망률

	65세 이상		80세 이상	
	사망자 수	조사망률	사망자 수	조사망률
1990	124,196(51.4)	5,647.9	45,037(18.6)	14,900.5
2000	151,027(60.7)	4,621.3	63,123(25.4)	12,715.5
2005	163,140(66.4)	3,861.5	72,737(29.6)	11,053.2
2010	178,400(69.8)	3,335.7	85,501(33.5)	9,423.9
2015	205,603(74.5)	3,137.8	112,638(40.8)	8,584.7
2016	210,716(75.0)	3,107.4	19,325(42.5)	8,393.2
2017	217,703(76.2)	3,080.9	127,801(44.8)	8,342.7
2018	229,764(76.9)	3,109.3	138,230(46.3)	8,407.7
2019	227,074(76.9)	2,941.9	138,602(47.0)	7,833.7
2020	237,831(78.0)	2,923.7	148,329(48.6)	7,824.5

자료 : 통계청(2021). 2020년 사망원인통계(www.kosis.kr)
주 : ( )안 전체 사망자 수 대비 비율(%)

<표 8> 연령대별 5대 사망원인 사망률 및 구성비

(단위: 인구 10만 명당 명, 명, %)

	50-59세	60-69세	70-79세	80세 이상
1위	악성신생물 113.0 (36.6%)	악성신생물 270.6 (42.4%)	악성신생물 677.5 (35.7%)	악성신생물 1375.6 (17.6%)
2위	고의적 자해(자살) 30.5 (9.9%)	심장 질환 55.9 (8.8%)	심장 질환 186.8 (9.9%)	심장 질환 971.5 (12.4%)
3위	심장 질환 26.2 (8.5%)	뇌혈관 질환 38.9 (6.1%)	뇌혈관 질환 142.9 (7.5%)	폐렴 819.2 (10.5%)
4위	간 질환 24.3 (7.9%)	고의적 자해(자살) 30.1 (4.7%)	폐렴 127.7 (6.7%)	뇌혈관 질환 624.8 (8.0%)
5위	뇌혈관 질환 17.7 (5.7%)	간 질환 24.8 (3.9%)	당뇨병 62.6 (3.3%)	알츠하이머병 340.9 (4.4%)

자료 : 통계청(2021). 2020년 사망원인통계. [그림 4]에서 발췌
주 : 연령별 사망원인 구성비 = (해당 연령의 사망원인별 사망자 수 / 해당 연령의 총 사망자 수) × 100

연령대별로 살펴보면 60대와 70대, 80세 이상에서 악성신생물(암)이 1위이다. 하지만 연령이 높아질수록 구성비는 60대 42.4%, 70대 35.7%, 80세 이상 17.6%로 감소한다. 반면에 사망 원인 2위인 심장질환의 구성비는 조금씩 증가한다(60대 8.8%, 70대 9.9%, 80세 이상 12.4%). 사망 원인 3위부터는 연령대별로 조금씩 차이가 있다. 60대의 사망 원인에서 고의적 자해(자살)의 순위는 4위(4.7%)이지만 다른 연령대에서는 5위 안에 포함되지 않는다. 70대는 폐렴이 4위(6.7%)로 처음 포함되었고 80세 이상에서는 3위(10.5%)로 순위와 구성비가 모두 높아졌다. 또한 80세 이상에서는 사망 원인으로 알츠하이머가 5위(4.4%)로 처음 포함되었다. 정리하면 나이가 많아질수록 사망 원인에서 암의 비중은 감소하고 노인성 질환의 비중이 높아진다.

노인성 질환의 유형에 따른 사망의 특징

노인의 주요 사망 원인인 노인성 질환을 최근에는 호스피스 대상에 포함하는 추세이다. 세계보건기구(WHO) 역시 초기에는 호스피스의 대상 질환을 생명을 위협하는 말기 질환(terminal illness with life- threatening)으로 한정하여 제시하였으나, 점차 대상 질환과 제공 시기를 확대하였다. 호스피스의 대상 질환을 암, HIV감염/후천성 면역결핍증(AIDS), 만성호흡부전(chronic respiratory disease), 당뇨(diabetes), 간경변증(liver cirrhosis), 알츠하이머 치매와 기타 치매, 급사를 제외한 심혈관질환, 신부전증, 다발성경화증(multiple sclerosis), 파킨슨병(Parkinson's disease), 류마티스 관절염(rheumatoid arthritis), 약제 저항성 결핵(drug resistant Tuberculosis) 등으로 확대하였다(장윤정, 2015: 41). 새로 추가한 대상 질환들은 대부분 노인성 질환과 관련되어 있다. 노인성 질환도 암 등과 같은 질환처럼 말기에 이르면 호스피스 서비스가 필요하기 때문이다.

하지만 질환의 진행 정도에 따른 환자의 활동과 기능의 변화는 질환의 종류에 따라 다르다. 신체기능 정도와 죽음에 이르는 시간을 도표로 형상화한 임종궤도를 통해 그 차이를 확인할 수 있다. 임종궤도는 5가지, ① 돌연사/급사, ② 말기 질환(암), ③ 장기부전, ④ 노쇠·치매, ⑤ 재난(뇌졸중, 고령자 골절 등)으로 유형화한다(Ballentine, 2018).

첫 번째 돌연사(급사)는 신체기능이 건강한 상태로 유지되다가 갑작스럽게 하락하여 죽음에 이르기 때문에 호스피스와 임종 돌봄이 개입할 필요가 적다([그림 10] 참고).

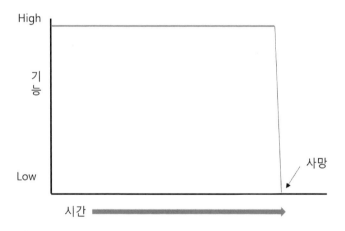

자료 : Ballentine, J. M. (2018). *The Five Trajectories: Supporting Patients During Serious Illness*. Institute for Palliative Care

[그림 10] 돌연사의 임종궤도

두 번째 암성 질환과 말기 질환은 질환 진단 초기에는 적극적인 치료가 제공된다. 그러나 치료가 더 이상 불가능한 말기로 진단된 이후에는 평균 생존 기간이 수개월 이내로 매우 짧아진다. 환자에 따라 극심한 통증과 급격한 기능 감소, 다양한 증상의 악화가 동반되어 집중 관리가 필요한 사례도 있다. 반대로 신체기능은 별다른 변화가 없으며 오히려 조금 기능이 좋아지는 경우도 있다. 하지만 이 경우에도 특정 시점에 도달하면 신체기능이 감소하기 시작하여 죽음에 이른다([그림 11] 참고).

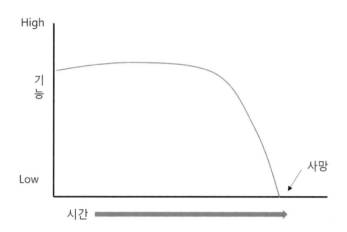

자료 : Ballentine, J. M. (2018). *The Five Trajectories: Supporting Patients During Serious Illness*. Institute for Palliative Care

[그림 11] 암성 질환과 말기 질환의 임종궤도

다섯 유형 중에서 세 번째 장기부전과 네 번째 노쇠와 치매, 다섯 번째 뇌졸중이나 고령자 골절은 이 연구의 주요 대상인 노인요양원 입소 노인들과 깊이 연관된 질병들이다. 이 세 유형의 특징은 신체기능의 변화가 일정하지 않다는 점이다. 세 번째 유형인 장기부전의 경우는 신체기능이 장기적으로는 하강하는 모습이지만 급격한 하강과 급등을 반복한다. 이로 인해 장기간의 투병 과정에서 환자와 가족들이 지치는 경우가 많다([그림 12] 참고).

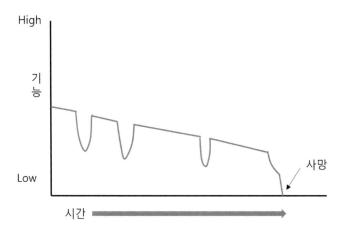

자료 : Ballentine, J. M. (2018). *The Five Trajectories: Supporting Patients During Serious Illness.* Institute for Palliative Care

[그림 12] 장기부전의 임종궤도

네 번째 유형인 치매와 노인성 질환은 신체기능의 변화 예측이 어렵고 장기간에 걸쳐 발생한다([그림 13] 참고). 치매나 파킨슨병도 5년에서 10년 이상의 질환 경과를 가진다. 매우 서서히 신체기능과 인지기능이 감소한다. 질환 초기에 질환 진행을 늦추기 위한 알츠하이머 치료제나 파킨슨 치료제와 함께 신체기능과 인지기능을 향상시키고 삶의 의미를 찾기 위한 심리·사회적 돌봄과 영적 돌봄이 제공되어야 한다. 하지만 더 이상 회복이 어려운 말기에는 편안함을 최우선 목표로 설정하고 환자의 희망을 반영한 돌봄이 제공되어야 한다.[38]

---

38) 장윤정(2015). 「노인과 호스피스 완화의료」. 『보건복지포럼』 225. 43쪽.

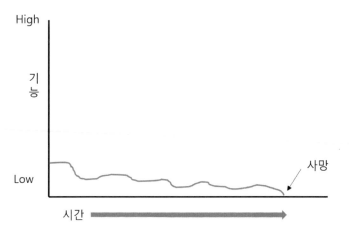

자료 : Ballentine, J. M. (2018). *The Five Trajectories: Supporting Patients During Serious Illness.* Institute for Palliative Care

[그림 13] 노인성 질환과 치매의 임종궤도

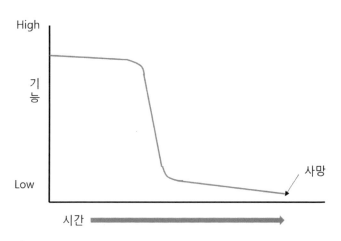

자료 : Ballentine, J. M. (2018). *The Five Trajectories: Supporting Patients During Serious Illness.* Institute for Palliative Care

[그림 14] 뇌졸중과 고령자 골절의 임종궤도

마지막 유형인 뇌졸중이나 고령자 골절은 돌연사와 노쇠에 의한 죽음의 측면이 결합되어 있다([그림 14] 참고). 추락이나 사고, 질병, 골절 등에 의해 발생한 심장마비, 뇌졸중, 동맥경화, 뇌손상이 발생했음에도 불구하고 사고 당시에는 치명적인 결과에 이르지 않은 경우도 있다. 이런 경우에도 시간의 흐름과 함께 진행되는 신체기능의 하락을 막을 수는 없으며 완만하게 신체기능의 저하를 겪다가 죽음에 이른다.

노년인들이 생각하는 좋은 죽음과 임종 장소

앞에서 확인하였듯이 노인들은 나이가 많아질수록 사망 위험에 노출되는 가능성이 커진다. 노화로 인한 기능 저하, 복합적인 만성질환, 다약물복용(polypharmacy) 등으로 인해 비전형적인 증상이 발생하는 특징이 있어 사망 위험에 쉽게 노출되는 것이다.[39] 이러한 이유로 '죽음에 대한 노인들의 인식'과 '좋은 죽음에 대한 인식'은 자주 다루어지는 연구주제이다. 특히 '좋은 죽음'은 죽음과 연관된 노인들의 욕구를 파악하는 주제이다. 이 때문에 관련된 선행연구들은 설문조사나 인터뷰 등의 연구 방법을 활용하여 노인들이 현재 인식하고 있는 죽음과 그들이 생각하는 좋은 죽음을 분석하고 있다. 관련 연구결과들은 공통적으로 한국의 노인들은 '어느 누구에게 폐 끼치지 않는 죽음'을 좋은 죽음으로 생각하고 있는 것으로 나타났다.[40] 즉, '자식이나 가족에게 피해 주지 않고 죽는 것', '자식들 고생 안 시키고 죽는 것'을 의미한다. 이 외에도 '내 집에서 맞이하는 죽음', '잠자는 듯한 죽음', '아프지 않은 죽음', '임종 과정이 길지 않은 죽음' 등도 좋은 죽음의 형태들로 조사되

---

39) 이시은·홍귀령(2017). 「한국 노인의 노인증후군과 사망: 3년 추적연구」. 『성인간호학회지』 29(1). 98쪽.
40) 이명숙·김윤정(2013). 「노인이 인식하는 좋은 죽음」. 『한국콘텐츠학회논문지』 13(6). 290쪽.

었다. 확인할 수 있듯이 좋은 죽음의 모습은 대체로 유사하다. 이는 2000년대 초반 관련 연구를 정리한 아래 <표 9>에서 확인할 수 있다. 좋은 죽음은 크게 2가지 유형으로 구분할 수 있다. 첫 번째는 죽음의 모습과 관련된 것이다. 자신의 죽음이 (1) 가족에게 부담이 되지 않는 죽음, (2) 사고나 질환이 아닌 노환으로 인한 자연스러운 죽음, (3) 준비된 죽음이기를 바란다. 두 번째는 임종 과정이 좋은 죽음이다. 임종 과정에 (1) 가족이 참여하고, (2) 고통은 되도록 적어야 한다.

〈표 9〉 좋은 죽음에 관한 인식 비교

한나영 외(2002)	김신미 외(2003)	김미혜 외(2003)
① 적절한 수명 ② 무병사 ③ 자식이나 부인을 먼저 보내지 않고 죽는 것 ④ 자손들에게 폐 끼치지 않고 죽는 것 ⑤ 가족들이 다 있는 앞에서 죽는 것 ⑥ 자손들이 다 잘 사는 것 보고 죽는 것 ⑦ 수면사 ⑧ 무통사	① 노환으로 사망하는 것 ② 70세 이후에 사망하는 것 ③ 집에서 임종을 맞는 것 ④ 1개월 미만의 임종 기간 ⑤ 임종 기간 동안 가족과 함께하는 것 ⑥ 임종 기간 동안의 독립성 ⑦ 죽음에 대한 인지 ⑧ 유언 남기기 ⑨ 임종 기간 동안의 자율성 ⑩ 임종 기간 동안의 의료비 ⑪ 통증이 없는 것 ⑫ 종교 ⑬ 호스피스 ⑭ 무의미한 생명연장술을 받지 않는 것	① 자녀보다 앞선 죽음 ② 자녀가 임종을 지켜주는 죽음 ③ 자식에게 부담을 주지 않는 죽음 ④ 부모 노릇 다하고 맞는 죽음 ⑤ 고통 없는 죽음 ⑥ 천수를 다한 죽음 ⑦ 준비된 죽음

자료: 이호선(2012). 『노인상담』. 학지사; 한나영·윤홍주·박일환·정유석·유선미(2002). 「좋은 죽음에 대한 노인들의 인식」. 『가정의학회지』 23(6). 769-777; 김신미·이윤정·김순이(2003). 「노인과 성인이 인식하는 '좋은 죽음'에 대한 연구」. 『한국노년학』 23(3). 95-109; 김미혜·권금주·임연옥(2004). 「노인이 인지하는 '좋은 죽음' 의미 연구: '복(福) 있는 죽음」. 『한국사회복지학』 56(2). 195-213

정경희·김경래 등은 Q방법론을 활용하여 노년층이 생각하는 좋은 죽음을 조사하였다.41) 노년층은 (1) 두려움 없는 죽음, (2) 짐이 되지 않

---

41) 정경희·김경래·서제희·유재언·이선희·김현정(2018). 『죽음의 질 제고를 통한 노년기

는 죽음, (3) 어떤 경우에도 오래 사는 죽음을 좋은 죽음으로 인식하였다. 요약하면 좋은 죽음은 당사자가 두려움 없이 담담히 맞이하는 죽음이며, 임종 당사자와 가족 모두에게 부담이 되지 않는 죽음이다.

2000년대 중반부터 최근까지 진행된 죽음 관련 인식과 태도 조사 중에서 요양시설 입소노인을 대상으로 실시한 연구[42]는 드물지만,[43] 이 중에서 비교적 최근의 연구인 박순영(2013)의 연구에서 관련 내용을 정리한 것이 <표 10>이다.

<표 10> 죽음에 대한 태도

(단위: 명, %)

질문	항목	시설노인 (N=150)	재가노인 (N=150)
귀하께서 얼마 살 수 없다는 사실을 알았을 때 어떻게 하시겠습니까?	죽을 때 죽더라도 가능한 모든 치료를 다해 본다	23(15.3)	19(12.7)
	어떤 대가를 치르더라도 죽음을 피하고 싶다	3(2.0)	0(0.0)
	평상시대로 생활을 계속하며 죽음이 오면 당당히 맞이하겠다	45(30.0)	45(30.0)
	죽음을 편안히 맞이할 수 있도록 삶을 정리한다	75(50.0)	85(55.3)
	살기 위해 신에게 기도하며 매달리겠다	1(0.7)	0(0.0)
	기타	3(2.0)	3(2.0)
죽음에 임박한 친구가 있다면 어르신은 어떻게 하겠습니까?	친구가 죽음을 받아들이고 생을 정리하도록 도와준다	96(64.0)	76(50.7)
	친구의 이야기를 듣고만 있다	8(5.3)	6(4.0)
	위로하고 희망을 갖도록 도와준다	20(13.3)	43(28.7)
	가능한 죽음에 대한 화제를 피하고 다른 이야기를 한다	10(6.7)	8(5.3)
	모르겠다	16(10.7)	17(11.3)

자료: 박순영(2013). pp.22-23

존엄성 확보 방안』. 세종: 한국보건사회연구원.

42) 장경숙(2003). 「시설노인의 죽음에 대한 태도에 관한 연구」. 중앙대학교 석사학위논문; 박순영(2013). 「시설 노인과 재가 노인의 죽음에 대한 태도 및 심폐소생술금지(DNR)에 대한 인식 비교」. 경희대학교 석사학위논문이 그것이다.

43) 최정수·이은경·한은정·황나미·강아람·최성은(2015). 『호스피스 완화의료 활성화방안: 노인장기요양서비스 이용자를 중심으로』. 세종: 한국보건사회연구원. 53-54쪽.

<표 10>에서 확인할 수 있듯이 '얼마 살 수 없다는 사실을 알게 되면 어떻게 하시겠습니까?'라는 질문에 '죽음을 당당히 맞이하거나 죽음을 편안히 맞이하기 위해 삶을 정리하겠다.'라고 생각을 밝힌 응답자의 비율은 입소노인과 재가노인 모두 80% 정도이다. 보다 자세히 보면 시설노인의 경우 '평상시대로 생활을 계속하며 죽음이 오면 당당히 맞이하겠다.'는 응답자의 30%, '죽음을 편안히 맞이할 수 있도록 삶을 정리한다.'고 응답한 비율은 50%였다. 재가노인도 비슷하게 응답자의 30.0%는 '평상시대로 생활을 계속하며 죽음이 오면 당당히 맞이하겠다.'라고 하였고, 55.3%는 '죽음을 편안히 맞이할 수 있도록 삶을 정리한다.'고 응답하였다. '죽음에 임박한 친구가 있다면 어르신은 어떻게 하겠습니까?'라는 질문에 대해서는 시설노인의 64.0%, 재가노인의 50.7%가 '친구가 죽음을 받아들이고 생을 정리할 수 있도록 도와준다.'라고 응답하였다.

〈표 11〉 원하는 임종 장소

(단위: %)

질문	조사결과					자료
죽음을 맞이하고 싶은 장소는 어디입니까?주)		시설노인		재가노인		박순영(2013)
	집, 고향	24.7		28.0		
	병원	20.0		30.0		
	사회복지 시설	14.7		7.3		
	어디든 상관없다	33.3		19.3		
	생각해 본 적 없다	7.3		15.3		
임종을 어디에서 하고 싶으십니까? (일반국민)		20대	30대	40대	50대	60대+	최영순 외(2014)
	자택	71.6	67.1	52.1	44.8	50.8	
	호스피스기관	9.8	16.9	21.7	28.0	18.2	
	병원	13.5	10.6	19.0	20.1	18.8	
	요양원	1.5	3.9	5.9	5.6	11.0	
	기타	2.9	0.6	0.8	0.3	0.6	
	모름	0.7	0.9	0.5	1.2	0.6	

자료: 박순영(2013). p.26; 최영순 외(2014). p.298

희망하는 임종 장소를 통해서도 죽음 관련 욕구를 확인할 수 있다. <표 11>에서 정리했듯이 일반적으로 죽음을 맞이하고 싶은 장소는 자신에게 익숙한 공간이다. 이는 시설노인에게서도 발견되는 공통되는 경향이다. 시설노인들의 경우 임종 장소로 시설을 선택한 비율이 14.7%로 재가노인 7.3%에 비해 높다. 이는 자신이 거주하고 있는 시설을 익숙하고 편안한 공간으로 여겨 임종 장소로 생각하는 입소노인들의 희망을 반영한다. 또한 일반국민을 대상으로 하는 조사에서 모든 연령대에서 자택을 임종 장소로 선호하는 비율이 가장 높다. 하지만 연령이 높아질수록 요양시설을 선택하는 비중이 조금씩 늘고 있으며 60대 이상의 경우 다른 연령대에 비해 요양원을 선택한 비중이 가장 높다. 이 역시 자신이 살던 곳이기 때문이라 추측된다.[44] 이 조사 결과를 통해서도 노인들이 희망하는 임종 장소의 선택 기준은 '익숙하고 편안한 공간'이라고 추측할 수 있다.

'좋은 죽음'과 '원하는 임종 장소'를 주제로 하는 선행연구들은 죽음에 대한 인식과 태도, 임종 장소를 통해 죽음과 관련된 노인들의 욕구를 확인했다는 데에 의미가 있다. 하지만 좋은 죽음에 대한 노인들의 욕구는 조사하였지만, 욕구를 실현하는 구체적인 방안보다는 포괄적이고 추상적인 제안만 제시하고 있다. 다시 말해서 죽음 관련 노인들의 욕구가 실천현장에서 어떻게 충족되고 있는지, 욕구 실현을 방해하는 것은 무엇인지, 욕구 실현을 위해 필요한 것은 무엇인지에 대한 물음으로 이어지지 않는 것이다. 나아가 외국의 관련 사례에 대한 분석이 이어지지만 연구결과에 기반하여 노인복지정책과 연관시켜서 논의를 확장하는 연구는 부족하다. 이러한 선행연구의 한계를 극복하기 위해 본 연구에서는 실제 노인복지 실천현장에서 이루어지는 임종을 관찰하고

---

44) 최영순·최정규·태윤희·김지윤·김정덕(2014). 『호스피스 완화의료 활성화 방안』. 국민건강보험 건강정책연구원. 298쪽; 최정수 외, 앞의 글. 54-56쪽.

그러한 임종이 노인들의 욕구를 어느 정도 실현하고 있는지를 검토하였다. 더불어 임종 돌봄 서비스에 대한 시설 종사자들과 보호자들의 인식을 실제 경험에 근거하여 확인하였다.

노인의 죽음 관련 욕구와 우리나라의 호스피스(임종 돌봄)

대부분 노인은 임종 과정에서 편안하고 담담하게 죽음을 수용하기를 희망한다. 이를 위해 자신이 생활하는 익숙한 공간에서 임종하기를 희망한다. 병원 진료 과정에서 죽음을 맞이하기보다는 적절한 임종 관리를 받으며 임종 과정을 가족과 함께하고 싶은 욕구를 보여준다. 이러한 임종의 모습은 현재 호스피스 서비스를 통해 이루어지고 있다. 하지만 노인요양시설에서 생애말기에 이른 노인들은 호스피스 서비스를 이용하기 어렵다.

우리나라의 호스피스 서비스는 암환자들을 대상으로 발전하였다.[45] 정부는 1996년 제1기 암관리 10개년 계획을 수립하고 2000년에는 국가암관리대책을 총괄하는 암관리과를 보건복지부 건강증진국에 설치하였다. 2001년에는 국립암센터를 설립하고 국립암센터 연구소 내에 '삶의 질 향상 연구과'를 설치하여 호스피스·완화의료에 대한 연구 추진의 계기를 마련하였다. 호스피스·완화의료 제도화에 대한 요구가 늘어나면서 정부에서는 2002년 호스피스·완화의료 제도화 및 법제화

---

45) 우리나라에서는 1960년대 중반부터 호스피스 활동이 이루어졌다. 1963년 당시 가톨릭 춘천교구장이었던 퀄란 주교의 초청으로 호주에서 온 마리아의 작은 자매회 수녀들에 의해 1965년 3월 15일 강원도 강릉 갈바리 의원에서 14개 병상의 조직적인 호스피스 활동이 시작되었다. 호주 출신 수녀 4명과 호주인 자원봉사 의사 1명, 직원 22명이 함께하였다. 이후 호스피스는 일부 간호사, 의사, 목사, 신부, 수녀들에 의해 개별적으로 이루어졌다. 1980년대 들어서 가톨릭의대, 연세대학교, 이화여자대학교 등을 중심으로 병원이나 대학에서 관심을 가지기 시작하였다. 1988년에는 강남성모병원에 한국 최초로 14병상의 호스피스 병동이 설립되었다. 초창기에는 간호사 중심으로 병동이 운영되고 개별 의사들이 자신의 환자들을 필요에 따라 입원시키는 방식이었다. 1990년대에는 호스피스·완화의료에 대한 관심이 급속하게 성장하여, 종교계를 중심으로 관련 협회가 발족하였다(한국호스피스·완화의료학회, 2018).

를 위한 시범사업 계획을 수립하였다. 2003년에 「암관리법」을 제정하여 말기 암환자 관리에 대한 국가 책임을 명시하고 이를 근거로 2003년부터 2년간 시범사업을 실시하였다. 시범사업이 종료된 2005년부터 15개의 호스피스·완화의료 전문기관을 선정하여 인건비, 시설 및 장비지원비 등 운영비용을 지원하는 사업을 시작하였다. 2018년 말 기준으로 84개 호스피스 전문기관(총 1,358병상)이 지정되었다. 호스피스 제공기관은 전문기관(입원형)을 포함하여 요양병원, 가정형, 자문형, 소아청소년으로 다양하게 구분되어 있으며, <표 12>에서 확인할 수 있듯이 대부분은 입원형 호스피스이다.

〈표 12〉 호스피스 제공기관

		2014	2015	2016	2017	2018
입원형	기관	57	66	77	81	84
	병상	950	1,100	1,293	1,337	1,358
입원형 요양 병원	기관	–	–	12	11	14
	병상	–	–	132	124	184
가정형		–	–	21	25	33
자문형		–	–	–	20	25
소아청소년		–	–	–	–	2

자료: 보건복지부(2019a). 「제1차 호스피스 연명의료 종합계획(2019-2023)」

호스피스·완화의료를 활성화하고 접근성을 높이기 위해 정부에서는 지역사회에 기반한 생애말기 돌봄 서비스 개념을 발표하였다. 그 일환으로 '임종 장소의 다양화'를 정책 과제 중 하나로 설정하고 노인요양시설을 호스피스 연계기관으로 설정하였다. 보다 구체적으로 설명하면 입원형 중심의 호스피스 서비스의 문제를 인식하고 임종기 환자와 가족의 수요를 충족시킬 수 있도록 임종 돌봄 체계를 마련해야 하는 필요성을 종합계획에서 인정하였다. 개선과제의 하나로 환자의 선호를 반영한 다양한 임종 장소별(가정, 사회복지시설 등) 서비스 연계를 제시하였다. 모든 임종기 환자들이 선호하는 임종 장소에서 죽음을 맞이할 수 있도록 노인복지(장기요양), 보건의료, 방문간호 및 지역사회 돌봄(요양시설 등) 등 다양한 협력 사업을 마련한다는 계획을 담았다. 환자 상태와 필요 돌봄 수준과 욕구에 맞는 돌봄 체계를 마련하여 보편적인 임종 돌봄 방안을 수립한다는 계획도 제시하였다. 질환과 관계없이 생애말기에 필요한 통증관리와 임종 돌봄 등을 받을 수 있도록 관련 분야가 협력하는 돌봄 체계를 구축한다는 목표이다.[46] 이처럼 정부는 노인의 죽음에 관심을 가지고 호스피스・완화의료 대상에 '고령에 의한 죽음'도 포함하는 분명한 방향성을 갖고 있다. 이러한 호스피스・완화의료 정책의 방향성은 노인요양시설에서의 임종 욕구와 일치한다.

■ 노인장기요양시설에서의 임종 현실

죽음은 하나의 과정이다. 이를 그림으로 표현한 것이 [그림 15]이다. 죽음은 '임종'을 기준으로 '임종 전-임종-임종 이후(사별)'로 이어진다.

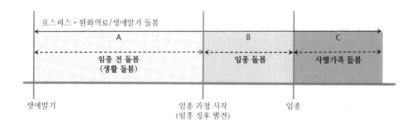

[그림 15] 생애말기 돌봄과 임종 돌봄

---

46) 보건복지부, 2019a.

많은 사람이 자신에게 익숙한 공간에서 죽음을 맞이하기를, 즉 임종하기를 원한다는 점을 고려하면 병원 이송 이전까지의 호스피스는 불완전한 서비스이다. 임종 돌봄 서비스가 노인요양시설의 업무 범위에 포함되어 있지 않은 상황에서 대부분의 노인요양원들은 임종 징후가 발견되어 병원으로 이송되기 이전(A시기)까지만 관련 서비스를 제공하고 있다.[47]

김정희 외 연구를 검토하면 조사 참여 97개 시설 중에서 지난 1년간 신체적 임종 돌봄 서비스를 제공한 시설은 90% 이상이었다.[48] 하지만 이때의 신체적 임종 돌봄 서비스는 임종 징후를 보이기 전(A시기)까지만 제공하고, 임종 징후가 발견되면 병원으로 이송되는 경우가 대부분이다. 호스피스 서비스를 받기 위해 새로운 기관으로 이동하는 사례는 거의 없다. 이때 병원으로의 이송은 의료서비스의 제공보다는 임종이라는 사건을 맞이하는 형식적인 절차에 불과하다.[49] 현재의 관행에서 A-B-C시기를 모두 포함하는 완결된 생애말기 돌봄과 임종 돌봄의 제공은 불가능하다. 대부분의 노인요양원에서 B시기는 배제되기 때문에 C시기의 돌봄이 이루어지는 노인요양원도 많지 않으며 서비스도 형식적으로 이어질 가능성이 높다.

요약하면 노인요양원은 생애말기에 들어선 입소노인들에게 기초적인 신체적 호스피스 돌봄 서비스를 제공하지만 해당 입소노인이 임종 과정에 접어들면 서비스 제공을 중지한다. 임종 징후 발견 시 병원 이외에 의뢰할 만한 곳을 찾기 힘든 상황에서 병원 응급실로 이송되고 대부분은 비위관 삽입이나 심폐소생술 등이 실시되며 결국에는 편안하

---

47) 최정수 외. 앞의 논문. 132-133쪽.
48) 김정희·문경숙·신복순·장은아(2015). 「일 지역 요양시설의 임종돌봄서비스」. 『가정간호학회지』 22(2).
49) 김정희 외. 앞의 논문. 516쪽.

지 못한 임종을 맞이한다.[50]

이러한 임종 현실은 아래에 인용한 기사를 통해 보다 명확하게 드러난다.[51] 대부분의 노인요양원에서 시행하고 있는 비위관 삽입에 대해 비판하는 기사이다. 기사에 언급된 서울 강남 지역의 'ㄴ구립요양원'에서는 '노화에 의해서 자연스럽게 죽는 것'을 '좋은 죽음'으로 여기고 입소노인들의 생명을 무의미하게 연장하는 의료는 고통스러운 생애말기를 연장하는 것이라고 주장하였다. 하지만 이 노인요양원에서도 시설 내에서의 임종은 일반적인 현상이 아니다.

> '인공적인' 비위관을 삽입하지 않고 '자연스러운' 생애말기 돌봄을 받고 있는 이 요양원의 입소자들은 어떻게 임종할까. 생긴 지 5년이 넘은 이 시설 안에서 사망한 노인은 단 2명이었다. 밤에 자다가 자연스럽게 돌아가셨다고 한다. 요양원에서 좋은 죽음으로 여기는 바로 그 자연사다. 이들 외에 임종한 노인이 없는 건 아니었다. 나머지는 모두 시설 밖인 병원에서 임종했다. 간호사들은 입소 노인에게서 임종 증세를 발견하면 곧바로 보호자에게 연락을 취해 응급실로 가기를 요청했다. 간호부장은 이곳이 노인들의 여생을 보내는 마지막 집이지만 임종 장소는 아니라고 했다. 요양원은 병원도 호스피스도 아니라는 이유였다. 임종은 의사가 있는 병원이나 집에서 해야 한다고 했다. 의사가 없는 요양원에서 노인이 임종했을 때 보호자가 의혹이라도 제기한다면 요양원으로서는 난감할 수밖에 없다.[52]

매우 모순적이게도 노인요양원을 노인들이 편안하게 여생을 보내는 "생의 마지막 집"이라고 표현하고 자연사를 '좋은 죽음'으로 정의하는 노인요양원에서도 입소노인의 임종은 허용되지 않고 있다. 생애 마지막을 위한 공간이지만 정작 생의 마지막 사건은 진행되지 않는다. '좋은 죽음'에 대해서 고민하지만 죽음은 존재해서는 안 되는 공간이다. 생애 마지막 순간 직전까지 자연스러운 돌봄을 제공받지만, 바로 그 마

---

50) 최정수 외(2015). 앞의 논문. 133-134쪽.
51) 노인요양시설에서의 임종 현실이 잘 드러나 있어서 다소 긴 인용문이지만 기사 중 주요 부분을 논문에 인용하였다.
52) 시사IN(2019.9.12.). "'콧줄' 단 채 생의 마지막을 맞아야 하는가."

지막 순간은 인공적인 의료적 조치들이 사명인 '병원'으로 이송되는 모순이 발생한다. 장기요양 인정자의 사망 전 의료 및 요양서비스 이용 양상을 분석한 연구를 보면 시설에 입소해 있거나 재가에 머물던 장기요양 인정자가 사망에 임박해지면 의료기관으로 이동하는 양상을 확인할 수 있다. 2008년 7월 1일부터 2012년 12월 31일까지 장기요양 인정등급을 받고 같은 기간 내 사망한 사람 총 271,474명의 임종 장소는 의료기관이 64.4%로 가장 많았고, 자택 22.0%, 사회복지시설 9.2%, 병원 이동 중 사망 4.2% 순이었다.[53]

이러한 모순적 상황에서 보호자 중에는 자신의 부모가 시설 내에서 임종을 맞이하기를 희망하는 사례가 있다. 2015년에 발표된 한국보건사회연구원의 『호스피스 완화의료 활성화 방안』에 따르면, 임종 관련 상담 내용 중 '보호자들이 원하는 임종 장소'로는 작성자 총 5,191명 중 29%가 현재 생활하고 있는 요양시설(기관)을 선택하였다. '임종 징후 시에 원하는 조치 내용'에 대해 요양시설(기관) 상담기록 작성자 중 22.1%가 현재 생활하고 있는 시설(기관)에서의 임종 돌봄을 선택하였다. 이는 '원하는 임종장소' 응답결과에서도 확인되었듯이 현재 한국의 노인요양시설 이용자에게는 시설에서 임종 돌봄을 받고 임종하기를 희망하는 욕구가 일정하게 형성되어 있음을 확인해 준다.[54]

노인장기요양시설 종사자 중에서도 우리 사회에서 일반적인 임종 장소인 병원보다 장기간 생활한 시설에서 편안하고 품위 있게 임종을 맞이할 수 있다고 인식하고 있다. 일부 노인장기요양시설(기관) 관계자들은 '생활하던 곳에서의 편안한 임종'을 배려해야 한다고 생각하고 있다. "요양원에서 편안하게 돌아가시도록 한다면 좀 더 오래 사실 수 있는

---

53) 한은정·황라일·이정석(2018). 「장기요양 인정자의 사망 전 의료 및 요양서비스 이용양상 분석」. 『한국사회정책』 25(1).
54) 최정수 외(2015). 앞의 논문. 152-153쪽.

어르신이었지만, 병원에 도착하신 지 2-3일 만에 돌아가심", "현재 어르신이 돌아가실 때는 병원으로 모시고 있는데, 매우 비합리적인 방식이라고 생각함", "요양원에서 지내시다가 사시던 곳에서 편안하게 임종을 맞이할 수 있도록 하는 것이 좋을 것 같음", "어차피 치유 가능성이 없어서 돌아가실 분이면 계시던 시설에서 돌아가실 수 있게 제도적으로 여건을 풀어주어야 함", "병원에 모셔서 보호자로 하여금 엄청난 진단비와 치료비를 물도록 만드는 현 상황은 어르신의 입장에서 보았을 때나 보호자의 입장에서 보았을 때도 바람직하지 못한 상황임"과 같이 시설임종에 대한 입장을 밝히고 있다.[55]

정경희 등이 실시한 조사[56]에서도 노인장기요양시설 종사자(간호사)들은 장기요양서비스에서 호스피스 서비스 제공이 가능한 정책적 환경이 지원된다면 익숙한 환경인 집과 지역사회 거주시설에서 사망하는 환자의 비율이 늘어나고 보호자들의 부담 또한 경감될 것이라고 지적하였다. 그러나 제도의 제약으로 전문적인 호스피스·완화의료의 서비스 제공에 어려움을 느끼고 있었다. 이 때문에 장기요양서비스 대상자의 경우 죽음을 맞이하기 위해 생애 마지막 순간 의료기관으로 입원하고 있어서 불필요한 사회적 입원이 이루어지고 있다. 이와 다르게 일부 시설 관계자들은 시설 내 사망 시 가족과의 갈등이 우려되고, 기관과 종사자를 보호할 수 있는 제도적 장치가 없는 등의 이유로 임종 돌봄을 요양시설의 서비스로 생각하지 않고 있다.[57]

위에서 확인했듯이 현재 노인장기요양시설에서 임종 희망 욕구는 형성되어 있지만 법적·제도적 미비로 인해 시설에서의 임종과 임종

---

55) 최정수 외(2015). 앞의 논문. 126-133쪽.
56) 최정수 외(2015). 앞의 논문. 200-206쪽.
57) 이정면·박민정·한은정·서은영(2012). 『노인요양시설 입소자의 의료적 요구 관리방안』. 국민건강보험 건강보험정책연구원.

돌봄은 매우 제한적으로 일부 노인장기요양시설에서만 이루어지고 있다. 임종과 관련된 가장 일반적인 유형은 임종 징후가 보이는 입소 노인을 보호자의 의사와 무관하게 병원으로 이송하는 것이다. 반면에 보호자의 요청이 있을 경우 선택적으로 임종을 허용하는 노인요양원도 있다. 생애말기에 접어든 노인의 경우 수개월 이내에 사망할 것으로 예상이 가능하다. 이러한 시기에 보호자 중에서는 노인요양원 내에서의 임종을 요청하는 경우도 있다. 일부 노인요양원에서는 보호자의 요청이 있으면 시설 내에서 임종을 허용하기도 한다. 이때에는 보호자에게 각서 등의 형식으로 보호자의 요청에 의해 시설임종이 이루어졌다는 사실을 명시하기도 한다. 이처럼 노인요양시설에서 입소노인의 임종은 노인요양원과 보호자의 선택에 의해 사망에 임박한 시기에 결정된다.

또한 시설에서 입소노인이 임종을 맞이하더라도 해당 임종 노인과 그 가족에게 임종 돌봄 서비스를 제공하는 노인요양원은 찾기 어렵다. 보호자의 요청과 시설의 허락에 의해 진행되는 시설임종이더라도 대부분은 임종 징후가 발견된 입소노인을 특별침실이나 1인실로 옮기고 보호자가 도착할 때까지 기다리는 것이 서비스의 전부이다. 임종과 관련된 프로그램을 갖추고 있고 프로그램을 실제로 실천하는 노인요양원은 거의 없다.[58]

---

58) 연구자인 내가 주목하는 '시설임종'은 비전형적 사례여서 연구가 어려울 것이라는 우려는 심층면담에서도 제기되었다. "여하튼 간에 여기는 특수 케이스이기 때문에 이게 되지만 다른 데에서는 적용하기 힘들어서, 그런 생각이 들어가네요. (중략) 그래서 논문이, 통용될 수 있는 논문을 써야 되는데 여기는 특수 케이스가 되기 때문에 좀 그러네." 참여관찰을 실시한 B노인요양원의 상임이사는 심층면담에서 시설임종이 '특수 케이스'라는 점을 강조하였고, 이 때문에 논문 작성이 어려울 것이라는 우려를 나에게 전달하였다.

노인장기요양시설에서의 임종 관련 환경

현재 노인요양원에서 임종이 진행될 때 갖추어야 할 요소를 살펴보았고, 주로 임종이 이루어지는 공간과 사망 이후 이루어지는 행정 절차 중에서 사망진단서 발급을 중심으로 정리하였다. 이를 통해 무엇보다 노인장기요양시설에서의 임종 시 사망진단서 발급 제도의 개선이 필요하다는 점도 확인할 수 있었다.

특별침실(임종 공간)

노인장기요양시설에서는 '특별침실'을 두고 이를 임종을 위한 공간으로 활용할 수 있다.59) 또한 특별침실은 노인복지법 시행규칙 제22조 1항 「별표 4」 노인의료복지시설의 시설 기준 및 직원 배치기준 4호 설비기준에 근거하여 노인질환의 종류 및 정도에 따라 입소 정원의 5% 이내의 범위에서 두어야 한다. 특별침실은 장기요양기관 시설 급여 평가 지표 중 하나이다. 『2018년도 장기요양기관 시설 급여 평가 매뉴얼』(국민건강보험, 2018)에 '특별침실에 대해 특별침실 표찰이 있는지, 전염병, 임종 등 특수상황에 맞게 운영하는지 특별침실의 내부 환경 및 사용기록(사용수칙 또는 사용기록)을 확인한다.'라고 명시하고 있다. 평가 매뉴얼에 따라 시설에서는 특별침실임을 알 수 있는 표찰을 게시하고 용도에 맞게 운영해야 한다.

특별침실의 용도는 사용수칙에 의하면 입소노인의 존엄성 유지와 인간다운 삶의 유지 및 시설 내 다른 수급자로부터 일정기간 격리할 필요가 있을 때 사용한다. 이용 대상자는 ① 전염 또는 감염성의 질환이 있다고 확인된 입소노인, ② 정신질환 등으로 다른 입소노인의 생활에

---

59) 내가 참여관찰 한 B노인요양원에서는 특별침실에 '특별거실'이라 표찰을 부착하고 있었다.

불편을 초래하는 행위를 하는 입소노인, ③ 임종을 맞이하거나 임종하여 다른 수급자로 하여 죽음에 대한 공포감을 피할 수 있도록 특별 조치가 필요한 입소노인이다.

이처럼 특별침실은 현 제도에서 시설평가지표 중 하나이기 때문에 대부분의 시설은 이를 갖추고 있다. 「2018년 장기요양기관 시설급여 정기평가결과」에 따르면 특별침실을 갖추고 있고 용도에 맞게 운영하는 시설(우수평가)의 비율은 30인 이상 97.3%, 10-30인 미만 84.6%, 10인 미만 58.6%로 나타났다(<표 13> 참고).

〈표 13〉 특별침실 평가결과

(단위: 개소, %)

규모	2015			2018		
	우수	미흡	계	우수	미흡	계
30인 이상	1,166(85.0)	62(5.0)	1,228	1,450(97.3)	40(2.7)	1,490
10-30인 미만	730(76.0)	231(24.0)	961	1,124(84.6)	204(15.4)	1,328
10인 미만	538(37.5)	896(62.5)	1,434	861(58.6)	608(41.4)	1,469

자료: 국민건강보험공단(2019). 「2018년 장기요양기관 시설급여 정기평가결과」

사망 사건 진행 절차

진단서는 의사가 진찰하거나 검사한 결과를 종합하여 생명이나 건강의 상태를 증명하기 위해 작성한 의학적인 문서이다. 사망진단서는 의사가 환자를 진료하였고 그 환자가 사망한 원인을 의사가 알고 있거나 추정할 수 있을 때 작성하는 사망 증명서이다. 최종 진료 시부터 48시간 이내에 사망하였다면 따로 검안을 하지 않더라도 작성이 가능하다. 시체검안서는 의사가 사망자를 진료한 적이 없거나 진료한 적이 있지만 의사가 다루던 질환이 아닌 다른 사망 원인으로 사망하였거나 또는

질병이 아닌 사망 원인으로 사망하였을 경우 작성한다.[60] 사망진단서
는 사망신고, 사체의 화장처리, 보험 증빙 등 각종 사망 증빙용으로 사
용되며, 사용 목적에 따라 사망한 사실의 증빙과 사망 원인을 증빙하는
문서의 성격을 동시에 가지고 있다.[61] 「의료법」 제17조에 의하면 사망
진단서는 ① 의료업에 종사하고, ② 직접 진찰하거나 검안한 의사, 치
과의사, 한의사, 조산사(여기서 조산사의 경우 출생·사망 또는 사산증
명서만 해당)에 한하여 작성하도록 규정하고 있다.

노인장기요양시설은 의료기관이 아니라 노인의료복지시설이기 때문
에 사망진단서를 발급할 수 있는 의료인이 없다. 입소노인을 진료하는
촉탁의는 최종 진료 시부터 48시간 이내에 사망한 경우에는 사망진단
서를 발급할 수 있다. 하지만 보통은 2주에 한 번 진료하기 때문에 이
조건을 만족시키기 어렵다.

우리나라에서는 시신의 처리(매장 또는 화장)를 위해서는 사망진단
서가 필요하다. 사망진단서가 발급되기 어려운 병원 밖 사망의 경우에
는 사람의 사망이 범죄에 의한 것인지를 판단하기 위하여 수사기관은
검시(檢屍)를 진행하는데 노인요양원에서의 죽음도 동일한 과정을 거
쳐야 한다([그림 16] 참고).

범죄 관련성이 의심되는 경우에는 부검을 실시하는 사례도 있다. 사
법경찰은 노인요양시설에서 수사를 진행한다. 시설 종사자들을 면담하
고 시설의 각종 기록 등을 살펴본다. 임종자의 인상과 전신의 형상, 착
의(着衣) 등을 사진 촬영을 통해 남긴다. 이 과정들은 검사 지휘하에

---

60) 배현아(2013). 「의사의 진단서 작성과 관련된 사회적·법적 책임」. 『EMJ(Ewha Medical
    Journal)』 36(2); 대한의사협회(2015). 『진단서 등 작성·교부 지침』. 서울: 대한의사협회
    의료정책연구소; 유성호(2018). 「사망원인과 사망의 종류 결정」. 『대한의사협회지』 61(8).
61) 신현영·이석민(2018). 「사망진단서 작성요령: 통계학적 관점에서」. 『대한의사협회지』
    61(4). 268-269쪽.

진행된다. 범죄 혐의가 없을 경우 사법경찰은 검사의 지휘를 받아 소지품 등과 같이 시신을 유족 등에게 인도한다.

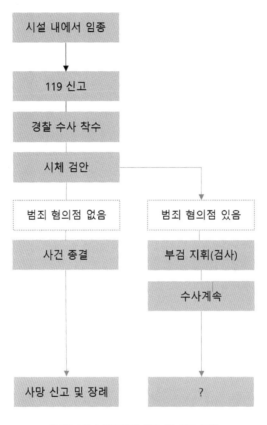

[그림 16] 노인요양원 사망 시 처리 절차

입소노인이 시설에서 사망했을 때 검안의사는 임종자를 진료한 적이 없기 때문에 사망 원인을 '불상' 또는 '알 수 없음'으로 기록하는 경우가 있다. 이 경우에는 사망신고와 매장 또는 화장 등의 장례절차를 진행할 수 없다. 「의료법」 제26조에 따라 경찰서에 변사자로 신고되며 수사를 거쳐야 하고, 수사결과에 따라 이후 절차를 진행할 수 있다. 이 때문에 대한의사협회에서는 『진단서 등 작성·교부 지침』(이하 지침)에서 노인의 경우에는 갑자기 사망하였을 때라도 병력을 살펴 진단의 실마리를 찾아야 한다고 지적하고 있다. 지침에는 이와 관련된 사례들이 제시되어 있다.

> "보름 전부터 오른쪽 팔다리를 잘 못 쓰고 기운이 없어 한다"면 왼쪽 뇌경색을 의심할 수 있고, "어제 저녁까지 아무런 일이 없었는데, 아침에 일어나 보니 돌아가셨다. 토한 흔적이 있다"면 급성 뇌출혈을 의심할 수 있다. 만약 "전혀 아무렇지도 않았는데 아침에 돌아가신 채로 발견되었다"면 동맥경화성 심혈관 질환, 급성 허혈성 심장 질환, 급성 심근경색증 등을 의심할 수 있다. 더욱이 노인들은 심한 감염증이 있음에도 발열과 같은 증상 없이 "며칠 식사를 잘 못 하시더니" 갑자기 사망할 수도 있다.[62)]

범죄의 의심이 있다면 함부로 사망 원인을 추정해서는 안 되지만 의사의 지나친 결벽증 때문에 장례 절차를 불편하게 해서도 안 된다(대한의사협회, 2015: 50)고 지침에서는 조언하고 있다. 예비면담에 참여한 시설장 대부분은 사법경찰의 수사를 받은 경험이 있었다. 수사의 필요성은 인정했지만 그로 인한 불편함과 불안감은 시설임종을 꺼리게 하는 방해요소가 된다고 설명하였다. 특히 변사자로 신고되어 수사를 받은 경험은 시설 운영에도 부정적 영향을 주었다고 하였다. 시설의 규모가 작은 경우에는 부정적 영향이 더욱 컸다. 그래서 일부 시설에서는 시설임종을 희망하는 보호자에게 사망진단서 발급 문제를 먼저 해결할 것을 요구하기도 한다고 하였다.

---

62) 대한의사협회(2015). 앞의 글. 50쪽.

이 책의 주요 공간인 B노인요양원은 불교 기반 법인이다. 특정 종교 기관의 노인요양서비스, 특히 임종 돌봄 서비스를 탐구하는 것은 한편으로는 장점이지만 또 한편으로는 단점이 될 수도 있다. 불교 교리를 공유하기 어려운 일반인과 타 종교인들의 접근이 제한되고, 비슷한 이유에서 종교 프로그램에 참여하지 않는 입소노인의 경우에는 관련 돌봄 서비스를 제공받지 못한다는 한계가 있다. 실제 어르신들의 마음 정리에 큰 도움을 주는 새벽예불에 다른 종교를 믿는 어르신이 참석하는데 어려움이 있었다.

B노인요양원과 다른 노인요양원의 가장 큰 차이점은 시설장과 상임이사(관장스님)가 시설 내에서 상주하고 있다는 점이다. 다수의 시설 종사자들은 이들의 시설 상주가 임종 돌봄이 가능한 원천이라고 하였다. 이처럼 임종 돌봄 서비스에서 상임이사와 시설장의 역할이 절대적이지만 대체 불가하다는 한계도 있다.

입소에서 임종, 어르신 배웅, 사후의례에 이르기까지 나는 입소노인과 그 가족의 경험을 대부분 함께하며 이를 총체적으로 기록하고 분석하였다. 하지만 그 과정에서 나는 소극적인 태도를 유지하였다. 이로인해 생각만큼 입체적으로 다양한 이야기를 끌어내지 못한 한계가 있었다. '죽음을 직접 다룬다'는 사실에서 다른 연구보다 엄격한 연구윤리가 요구되었다. 연구참여자에게 해(害)를 가하고 있지는 않은지, 연구 욕심에 지나친 요구를 하고 있지는 않은지를 스스로에게 질문하였다. 이러한 이유에서 보호자와 심층면담도 되도록이면 사후의례가 마무리되면 진행하려 하였다. 보호자가 느낄 수 있는 심리적 불편함을 최소화하려고 하였고 슬픔을 자극하지 않으려고 단어 선택도 신중하였다. 글쓰기에서도 개인정보를 노출하지 않기 위해 노력하였다. 연구주제와 연구 방법이 지닌 특성으로 인해 연구 활동이 일정 정도 제한되는 것은 연구자인 내가 감수해야 하는 부분이다. 그럼에도 불구하고 분석을 마무리하고 그 결과를 정리하면서 되돌아보면 나의 태도는 지나칠 정도로 소극적이었다. 나는 모든 연구참여자들이 「연구참여자용 설명문과 동의서」를 읽고 자발적으로 연구에 동의하였다는 사실을 고려하지 못했다. 또한 참여관찰 기간이 짧았던 것도 소극적 태도에 영향을 주었다. 그리고 노인요양원에서 수행할 수 있는 연구자의 역할이 제한적일 수밖에 없는 것도 원인이라 생각된다.

고미영(2013). 『질적사례연구』. 청목출판사.

국립암센터·중앙호스피스(2019). 『호스피스전문기관 서비스 제공 안내(4판)』.

국민건강보험공단(2018). 「2018년 장기요양기관 시설급여 평가매뉴얼」.

국민건강보험공단(2019a). 「2018년 장기요양기관(시설급여) 정기평가결과」.

국민건강보험공단(2019b). 『2018 노인장기요양보험통계연보』.

국민건강보험공단(2021). 『2020 노인장기요양보험통계연보』.

김경래·황남희·정진욱·송기민·양찬미·이수현(2016). 『초고령사회 고령후기 노인을 위한 생애말기 정책 지원방안 연구』. 세종: 한국보건사회연구원.

김문영·이승덕(2018). 「사망진단서 개선을 위한 제언」. 『대한의사협회지』 61(4). 259-267.

김미옥(2015). 「사회복지학에서의 죽음에 관한 응시와 성찰: 질적연구방법의 유용성」. 『한국사회복지질적연구』 9(1). 5-27.

김미옥·최정민·강승원(2013). 「중년기 뇌졸중 장애인의 삶에 관한 해석학적 현상학 연구」. 『한국사회복지학』 65(1). 33-58.

김정현·최윤선(2009). 「임종을 앞둔 환자의 임상양상과 처치」. 『대한의사협회지』 52(7). 697-704.

김정희·문경숙·신복순·장은아(2015). 「일 지역 요양시설의 임종돌봄서비스」. 『가정간호학회지』 22(2). 216-227.

김세영(2016). 「노인요양시설에 대한 한국노인의 인식」. 『지역사회간호학회지』 27(3). 242-253.

김열규(2001). 『메멘토 모리, 죽음을 기억하라』. 서울: 궁리출판.

김영천·이현철(2017). 『질적 연구: 열다섯 가지 접근』. 파주: 아카데미프레스.

노유자·한성숙·유양숙·용진선(2001). 「호스피스팀 구성원의 직무지침 개발」. 『한국호스피스·완화의료학회지』 4(1). 126-140.

대한의사협회(2015). 『진단서 등 작성·교부 지침』. 서울: 대한의사협회 의료정책연구소.

박민정·서은영·이정면(2013). 「노인요양시설 입소자들의 의료적 요구에 대한 간호직 종사자들의 관리 경험」. 『성인간호학회지』 25(4). 409-421.

박순영(2013). 「시설 노인과 재가 노인의 죽음에 대한 태도 및 심폐소생술금지(DNR)에 대한 인식 비교」. 경희대학교 석사학위논문.

박재봉(2019). 「불교의 임종의례 및 시다림 연구」. 동국대학교 석사학위논문.

박종태(2019). 「연명의료중지에 관한 법원 판결과 제도화에 관련된 문제들」. 『대한의사협회지』 62(7). 358-368.

법정(1993). 『버리고 떠나기』. 서울: 샘터.

보건복지부(2003). 「2003년도 말기암환자 호스피스 시범사업 안내」.

보건복지부(2018). 「2018-2022 제2차 장기요양 기본계획」.

보건복지부(2019a). 「제1차 호스피스 연명의료 종합계획(2019-2023)」.

보건복지부(2019b). 「2019년 노인보건복지 사업안내 I」.

보건복지부·국립암센터(2019). 『2017 호스피스·완화의료 현황』.

보건복지부·중앙호스피스센터·건강보험심사평가원·국민건강보험공단(2019). 「2019 호스피스·완화의료 사업 안내」.

배현아(2013). 「의사의 진단서 작성과 관련된 사회적·법적 책임」. 『EMJ(Ewha Medical Journal)』 36(2). 102-111.

백문호(2005). 「노인복지시설의 호스피스서비스 활성화에 관한 연구」. 동국대학교 석사학위논문.

(사)사전의료의향서 실천모임(2019). 임종과정의 돌봄: 연명의료 중단을 넘어서 [(사)사전의료의향서실천모임 창립7주년기념 학술세미나].

서제희·임정미·최지희·이나경·백상숙(2018). 『보건의료서비스 이용자의 죽음여정과 경험 개선을 위한 제도적 방안 연구』. 세종: 한국보건사회연구원.

서혜경(2009). 『노인죽음학개론』. 서울: 경춘사.

신현영·이석민(2018). 「사망진단서 작성요령: 통계학적 관점에서」. 『대한의사협회지』 61(4). 268-278.

유성호(2018). 「사망원인과 사망의 종류 결정」. 『대한의사협회지』 61(8). 451-459.

유혜숙(2008). 「노인요양 복지시설 호스피스 서비스의 활성화방안에 관한 연구: 실태조사를 중심으로」. 삼육대학교 석사학위논문.

윤은경(2002a). 「노인복지시설의 호스피스 운영 모형 개발」. 부산대학교 박사학위논문.

윤은경(2002b). 「노인복지시설의 호스피스 서비스 실태」. 『노인복지연구』 15. 91-120.

윤택림(2005). 『문화와 역사를 위한 질적 연구 방법론』. 아르케.

이명숙·김윤정(2013). 「노인이 인식하는 좋은 죽음」. 『한국콘텐츠학회논문지』 13(6). 283-299.

이상민·김수정·최윤선·허대석·백수진·최보문·김대균·문재영·박소영·장윤정·황인철·권정혜·김선현·김유정·박진노·안호정·이현우·권복규·김도경·김옥주·유상호·정유석·고윤석(2018). 「말기와 임종 과정에 대한 정의 및 의학적 판단지침」. 『대한의사협회지』 61(8). 509-521.

이시은·홍귀령(2017). 「한국 노인의 노인증후군과 사망: 3년 추적연구」. 『성인간호학회지』 29(1). 98-107.

이승준(2015). 「노인장기요양시설의 호스피스 서비스가 부양가족의 기능에 미치는 영향: 부양부담의 매개효과를 중심으로」. 연세대학교 석사학위논문.

이정면·박민정·한은정·서은영(2012). 『노인요양시설 입소자의 의료적 요구 관리방안』. 국민건강보험 건강보험정책연구원.

이정옥(2009). 『반만 버려도 행복하다: 아름다운 노년, 품위 있는 죽음을 위하여』. 서울: 동아일보사.

이평화(2015). 「노인요양시설 요양보호사의 노인 죽음 경험 연구」. 서울기독교대학교 박사학위논문.

이호선(2012). 『노인상담』. 서울: 학지사.

장윤정(2015). 「노인과 호스피스 완화의료」. 『보건복지포럼』 225. 38-47.

전진호·이경숙(2000). 「우리나라 사망통계자료의 실태와 문제점: 한 기초자치단체의 사망신고자료 전수조사를 근거로」. 『한국역학회(韓國疫學會)』 22 (2). 124-135.

정경희·김경래·서제희·유재언·이선희·김현정(2018). 『죽음의 질 제고를 통한 노년기 존엄성 확보 방안』. 세종: 한국보건사회연구원.

정경희·서제희·이선희(2018). 『웰다잉(Well-dying)을 위한 제도적 기반 마련 방안-총괄보고서』. 세종: 한국보건사회연구원.

정경희·오영희·이윤경·오미애·강은나·김경래·황남희·김세진·이선희·이석구·홍송이(2017). 『2017년도 노인실태조사』. 세종: 한국보건사회연구원.

정순태(2016). 「좋은 임종의 실천 방안 고찰」. 『노인의료복지연구』 8(1). 83-99.

정주연(2013). 「미국의 호스피스 완화의료 현황」. 『HIRA 정책동향』 7(6). 81-93.

정진주·김찬호·박성정·이나미·장동석·장숙랑·최훈·허소용(2017). 국가인권위원회 기획. 『나이 들어도 괜찮을까?: 존중 받는 노인을 위한 인권 이야기』. 서울: 삶은책.

정은경·김정우(2017). 「노인요양시설 사회복지사 역할수행의 맥락과 과정에 대한 사례연구」. 『한국사회복지행정학』 19(2). 161-207.

정은희(2008). 「한국 호스피스 운영에 관한 연구」. 동국대학교 석사학위논문.

조명옥(1992). 「전통사회의 노인을 위한 돌봄행위에 관한 문화기술적 연구」. 이화여자대학교 박사학위논문.

중앙호스피스센터(2018). 완화의료 팀원을 위한 호스피스·완화의료 개론(http://hospice.go.kr/square/archivesView.do?brd_no=90452에서 인출함).

최경석(2014). 「김 할머니 사건에 대한 대법원 판결의 논거 분석과 비판: "자기결정권 존중"과 "최선의 이익" 충돌 문제를 중심으로」. 『생명윤리정책연구』 8(2). 227-252.

최영순·최정규·태윤희·김지윤·김정덕(2014). 『호스피스 완화의료 활성화 방안』. 국민건강보험 건강정책연구원.

최정수·이은경·한은정·황나미·강아람·최성은(2015). 『호스피스 완화의료 활성화방안: 노인장기요양서비스 이용자를 중심으로』. 세종: 한국보건사회연구원.

최희경(2013). 「호스피스완화의료 사회복지사의 역할과 역량에 관한 연구」. 『사회과학연구』 29(4). 225-248.

통계청(2018). 「한국의 사회동향 2018」.

통계청(2019a). 「2018년 사망원인통계」.

통계청(2019b). 「2019 고령자 통계」.

통계청(2019c). 「2018년 출생·사망통계 잠정 결과」.

통계청(2020). 『2020년 사회조사 결과(가족·교육과 훈련·건강·범죄와 안전·생활환경)』.

통계청(2021). 『2020년 사망원인통계』.

하정화(2017). 「국내외 호스피스완화의료 제도의 비교」. 한국형 호스피스완화의료 모형 개발 및 구축방안을 위한 심포지엄 자료집.

한국보건사회연구원(2020). 『2020년 노인실태조사』

한국호스피스·완화의료학회(2018). 『호스피스·완화의료』. 파주: 군자출판사.

한수연(2019). 「호스피스 팀의 호스피스 및 연명의료결정참여 경험에 대한 사례연구」. 『보건사회연구』 39(1). 453-484.

한은정·황라일·이정석(2018). 「장기요양 인정자의 사망 전 의료 및 요양서비스 이용양상 분석」. 『한국사회정책』 25(1). 99-123.

Ballentine, J. M.(2018). *The Five Trajectories: Supporting Patients During Serious Illness*. Institute for Palliative Care.

Beauvoir, Simone de(2002). 홍상희·박혜영 역. 『*La Vieillesse*(노년: 나이듦의 의미와 그 위대함)』. 서울: 책세상.

Callanan, M.(2009). 이기동 역. 『*Final Journeys: A Practical Guide for Bringing Care and Comfort at the End of Life*(마지막 여행: 감동으로 엮은 존엄사 실천 가이드)』. 서울: 프리뷰.

Department of Health. UK(2008). *End of Life Care Strategy-Promoting High Quality Care for All Adults at the End of Life*.

Gawande, Atul(2015). 김희정 역. 『Being Mortal(어떻게 죽을 것인가)』. 서울: 부키.

Lincoln, Y., and Guba, E.(1985). Naturalistic Inquiry. Newbury Park, CA: Sage Publications.

Miller, S. C., Lima., J., Gozalo, P. L., and Mor, V.(2010). The Growth of Hospice Care in U.S. Nursing Homes. Journal of the American Geriastrics Society. 58(8). 1481-1488. Retrieved from https://www.ncbi. nlm.nih.gov/pubmed/20646101

Yazan B.(2015). Three Approaches to Case Study Methods in Education: Yin, Merriam, and Stake. *The Qualitative Report* 20(2). 134-152. Retrieved from https://nsuworks.nova.edu/tqr/vol20/iss2/12

Yin, R. K.(2014). 신경식, 서아영, 송민채 역. 『Case Study Research: Design and Methodes(사례연구방법)』. 한경사.

경향신문(2016.1.24.). 한국, 죽음의 질 '양호' 완화의료 인식은 '부족'(검색일: 2019.7.10.).

뉴시스(2019.6.6.). [초고령사회가 온다]내집 같은 스웨덴 요양원⋯ "인간답게 삶 마무리하게 해줘"(검색일: 2019.9.6.)

서울신문(2019.3.10.) 죽음, 두렵지요 하지만 '끝'은 선택하고 싶어요.(검색일: 2019.3.11.)

서울신문(2019.3.11.) [존엄한 죽음을 말하다] 76%가 병원 객사⋯ 이제 '더 나은 죽음' 생각해야.(검색일: 2019.3.11.)

시사IN(2019.9.12.). '콧줄' 단 채 생의 마지막을 맞아야 하는가(검색일: 2019.9.16.)

오태훈의 시사본부(2019.6.28.). "내가 본 요양원은 죽어야만 '퇴소'할 수 있는 수용소였다"(검색일: 2019.7.8.)

조선일보(2019.10.12.). 자다가 월 1건 응급처치하면 1000만원 주는데도⋯ 요양병원 당직의사 구인난(검색일: 2019.10.14.)

중앙일보(2014.5.18.). 노인 19%가 요양시설서 생을 마친다(검색일: 2019.5.31.)

중앙일보(2017.5.28.). 요양병원·요양원서 5년 넘게 지내다 임종한 노인 1만 1000명(검색일: 2019.8.29.)

의학뉴스(2018.11.15.). 임종환자 느는데 '생애말기돌봄' 걸음마(검색일: 2019.6.26.)

의학뉴스(2018.12.4.). 의료-보건-복지 연계형 생애말기돌봄 필요(검색일: 2019.3.5.)

한겨레(2019.3.13.). 숨 멈춰야만 해방되는 곳⋯ 기자가 뛰어든 요양원은 감옥이었다(검색일: 2019.5.13.)

한겨레(2019.5.15.). "앉지 말고 뛰어다녀" CCTV는 요양사도 따라다녔다(검색일: 2019.5.16.)

한겨레(2019.5.20.). "죽는 날만 기다린다"… 보고 싶은 자식 향한 '외로운 거짓 말'(검색일: 2019.5.20.)

한겨레(2019.5.22.). 방문요양보호사 절반은 100만원 남짓 월급으로 가족 부양(검색일: 2019.5.22.)

한겨레(2019.5.28.). 엄마의 몸에 없던 멍이 생겼다… 2년 뒤 엄마는 하늘로(검색일: 2019.5.28.)

한겨레(2019.5.28.). 50억 착복해도 집유… 그들은 처벌받지 않았다(검색일: 2019.5.28.)

한겨레(2019.6.5.). 입소대기 노인 1313명… 그곳엔 '진짜 돌봄'이 있다(검색일: 2019.6.5.)

한겨레(2019.6.5.). 장기요양 정착한 나라들… 거기 '존엄한 노년'이 있었다(검색일: 2019.6.5.)

한겨레(2019.6.07.). 젊고 멀쩡한 사람이 왜? 편견에 두 번 우는 요양보호사(검색일: 2019.6.07.)

「노인복지법」
「노인장기요양보험법」
「의료법」
「호스피스・완화의료 및 임종과정에 있는 환자의 연명의료결정에 관한 법률」

www.kosis.kr(국가통계포털)
www.ncc.re.kr(국립암센터)

■ 동신대학교 생명윤리위원회 심사 결과 통지서

동신대학교 생명윤리위원회 심사 결과통지서

연구책임자는 본 위원회의 심사결과에 대하여 이의가 있을 경우, 심사결과 통지일로부터 2주 이내에 서면으로 이의신청을 할 수 있습니다. 단, 동일 사안에 대하여 2회 이상의 재심은 하지 않습니다.

문서번호	201907-SB-033	발송일자	2019. 08 . 30.
연구과제명	노인장기요양시설의 임종 돌봄 서비스에 관한 사례연구		
과제번호	1040708-201907-SB-033		
연구책임자	이명호	소 속	사회복지학과
IRB 심사일자	2019. 08. 29 .		
심사결과	■승인 □수정승인 □수정신속심의 □보완 □반려 □중지/보류 □부결		
총 연구기간	위원회 승인일 ~ 2020. 08. 29.		
IRB 연구승인 유효기간	위원회 승인일 부터 2020. 08. 29. 까지	• 총 신청 연구기간이 IRB 연구승인 유효기간을 초과할 경우, 유효기간 만료 이전에 '지속심사' 승인을 받아야 연구지속 진행이 가능합니다. • 연구종료 시 종료보고를 하여주시기 바랍니다. • 종료보고서는 연구승인 유효기간 만료일 3주 전에 제출해야 합니다.	
	심사 내용		
심사의견	■ 연구계획 및 과정상 과학적, 윤리적 오류가 관찰되지 않아 해당 연구계획서의 실행이 즉시 가능하다고 판단됩니다. 이에 본 연구계획서를 승인고자 합니다. ■ 본 연구계획에 따라 윤리적인 절차에 의해서 연구가 진행될 것으로 사료되어 승인함		

동신대학교 생명윤리위원회위원장 (직인)

연구대상자용 설명문 및 동의서

연구대상자 설명서

연구과제명 : 노인장기요양시설의 임종 돌봄 서비스에 관한 사례연구

본 연구는 일부 노인장기요양시설에서 시행하고 있는 임종 돌봄 서비스에 대한 사례연구입니다. 귀하는 본 연구에 참여할 것인지 여부를 결정하기 전에, 설명서와 동의서를 신중하게 읽어보셔야 합니다. 이 연구가 왜 수행되며, 무엇을 수행하는지 귀하가 이해하는 것이 중요합니다. 이 연구를 수행하는 연구책임자가 귀하에게 이 연구에 대해 설명해 줄 것입니다. 이 연구는 자발적으로 참여 의사를 밝히신 분에 한하여 수행될 것입니다. 다음 내용을 신중히 읽어보신 후 참여 의사를 밝혀 주시길 바라며, 필요하다면 가족이나 친구들과 의논해 보십시오. 만일 어떠한 질문이 있다면 연구책임자가 자세하게 설명해 줄 것입니다.

귀하의 서명은 귀하가 본 연구에 대해 그리고 위험성에 대해 설명을 들었음을 의미하며, 이 문서에 대한 귀하의 서명은 귀하께서 자신(또는 법정대리인)이 본 연구에 참가를 원한다는 것을 의미합니다.

1. 연구의 배경과 목적

현행 노인장기요양제도 아래에서는 입소노인이 생활하던 노인장기요양시설에서 임종을 맞는 것은 거의 불가능합니다. 하지만 일부 보호자들은 어르신이 머물렀던 노인요양원에서 임종하기를 회망합니다. 가족은 임종자와의 이별을 준비할 수 있으며, 가족과 임종자는 임종 시 함께 시간을 보낼 수 있기 때문입니다. 이러한 이유에서 일부 종사자들은 임종 징후 발견 이후 입소노인이 병원으로 이송되는 것보다 노인요양원에서 임종하는 것이 좀 더 편안하고 품위 있는 죽음을 가능하게 한다고 여깁니다. 이처럼 시설내 임종에 대한 일정한 요구를 반영하여 일부 노인요양원에서는 임종 돌봄을 실시하고 있습니다. 시설 내에서 임종 돌봄 서비스가 제공되는 요양원에서 1달간 참여관찰을 진행하고, 면담/심층면담, 자료조사를 통해 노인장기요양시설에서의 임종 돌봄 서비스를 분석하고, 그 의미를 고찰하고자 합니다.

2. 연구 참여 대상

본 연구에 임종 돌봄 서비스에 대한 주된 정보를 제공하는 연구참여자로 ① 임종 돌봄 서비스를 제공하는 ○○○○노인요양원의 종사자 4~5명과 ② ○○○○노인요양원에서 임종 돌봄 서비스를 제공받은 보호자 가족 1~2명이 참여할 것입니다.

3. 연구 방법

본 연구는 시설 내 임종이 가능한 ○○○○노인요양원에서 제공하는 임종 돌봄 서비스에 관한 사례연구입니다. 이를 위해 연구자는 1개월 동안 ○○○○노인요양원에서 참여관찰을 진행합니다. 연구자는 참여관찰 과정에서 임종 돌봄 서비스에 대해 보다 심층적인 정보를 수집하기 위해, ○○○○노인요양원에서 제공하는 임종 돌봄 서비스에 관한 경험과 지식을 소유하고 있는 종사자와 임종 돌봄 서비스를 제공받은 보호자 가족을 대상으로 인터뷰(심층면담)을 진행할 것입니다.

만일 귀하께서 인터뷰(심층면담) 참여의사를 밝혀주시면, 임종 돌봄 서비스에 관해 인터뷰를 진행하게 됩니다. ○○○○노인요양원에서 시행되고 있는 임종 돌봄 서비스와 그에 연관된 서비스에 대한 질문을 받고, 귀하는 자신의 생각을 가감 없이 답해 주시면 됩니다. 인터뷰 과정은 동의한 경우에 한해 녹음될 것이며, 소요시간은 60분정도 걸릴 것입니다. 또한 인터뷰 내용 확인과 추가 질문을 위해 인터뷰가 필요한 경우에는 1차례 더 진행됩니다. 추가 인터뷰도 동의한 경우에 한해 녹음될 것이며, 소요시간은 30~60분정도 걸릴 것입니다.

4. 연구 참여 기간

본 연구에 필요한 ○○○○노인요양원의 임종 돌봄 서비스 관한 경험과 지식이 있다면 판단되면 인터뷰(심층면담) 요청 받으실 것입니다. 인터뷰는 참여관찰 기간 혹은 참여관찰이 종료된 이후부터 2019년 12월까지의 기간 중에서 귀하가 원하는 시간과 장소에서 진행될 것입니다. 인터뷰는 1회 실시되며 동의한 경우에 한해 녹음될 것이며 소요시간은 60분정도 걸릴 것입니다. 연구진행과정에서 인터뷰가 추가로 필요하다고 판단되면 인터뷰 요청을 1차례 더 받으실 수 있습니다.

5. 연구 참여 도중 중도탈락

귀하의 연구 참여 여부 결정은 자발적인 것이며, 연구에 참여하신 후에도 언제든지 도중에 그만 둘 수 있습니다. 만일 귀하가 연구에 참여하는 것을 그만두고 싶다면 연구책임자에게 즉시 말씀해 주십시오. 연구 도중 참여를 포기하더라도 불이익은 없습니다. 또한 연구 참여가 중지되거나 철회한 경우에는 연구대상자의 자료 및 정보의 폐기를 요청할 수 있습니다. 이 경우 연구책임자는 즉시 자료 및 정보를 회복 불가능하게 폐기할 것입니다.

6. 부작용 또는 위험요소

심층면담 진행과정에서 심리적 압박감이나 불편감을 느낄 수도 있습니다. 이럴 경우 귀하는 언제든지 심층면담의 진행을 멈출 수 있습니다. 만일 연구 참여 도중 발생할 수 있는 부작용이나 위험요소에 대한 질문이 있으시면 연구책임자에서 즉시 문의해 주십시오.

7. 연구 참여에 따른 이익

귀하가 이 연구에 참여하는데 있어서 직접적인 이득은 없으며, 어떤 금전적 보상도 없습니다. 그러나 귀하가 제공하는 정보는 노인장기요양시설에서의 임종 돌봄 서비스에 대한 이해를 증진하는데 도움이 될 것입니다.

8. 연구에 참여하지 않을 시 불이익

귀하는 본 연구에 참여하지 않을 자유가 있습니다. 또한 귀하가 본 연구에 참여하지 않아도 귀하에게는 어떠한 불이익도 없습니다.

9. 개인정보와 비밀보장

본 연구의 참여로 귀하에게서 수집되는 개인정보는 다음과 같습니다. 성명, 나이, 직위와 경력(종사자에 한함), 종교. 이 정보는 연구를 위해 연구 종료 때 까지만 사용되며 수집된 정보는 개인정보보호법에 따라 적절히 관리됩니다. 관련 정보는 잠금장치가 있는 책임연구자의 수납함에 보관되며 연구책임자만이 접근 가능합니다. 연구를 통해 얻은 모든 개인 정보의 비밀 보장을 위해 최선을 다할 것입니다. 이 연구에서 얻어진 개인 정보가 학회지나 학회에 공개 될 때 귀하의 이름과 다른 개인 정보는 사용되지 않을 것입니다. 그러나 만일 법이 요구하면 귀하의 개인정보는 제공될 수도 있습니다. 또한 모니터 요원, 점검 요원, 공용기관생명윤리위원회는 연구대상자의 비밀보장을 침해하지 않고 관련규정이 정하는 범위 안에서 본 연구의 실시 절차와 자료의 신뢰성을 검증하기 위해 연구 결과를 직접 열람할 수 있습니다. 귀하가 본 동의서에 서명하는 것은, 이러한 사항에 대하여 사전에 알고 있었으며 이를 허용한다는 의사로 간주될 것입니다. 연구 종료 후 연구관련 자료는 3년간 보관되며 이후 분쇄와 파일 삭제 등의 방법으로 폐기될 것입니다.

10. 연구 문의

본 연구에 대해 질문이 있거나 연구 중간에 문제가 생길 시 다음 연구 담당자에게 언제든지 연락하십시오.

이름: ___이명호_____   전화번호: ___010-○○○○-○○○○___

만일 어느 때라도 연구대상자로서 귀하의 권리에 대한 질문이 있다면 다음의 보건복지부 지정 공용기관생명윤리위원회에 연락하십시오.

보건복지부 지정 공용기관생명윤리위원회(공용위원회)   전화번호: 02-737-8990

이명호

한양대에서 사회학 박사학위를, 동신대학교에서 사회복지학 박사학위를 취득하였다. 중앙승가대에 출강하고 있으며, 현재는 경희대 종교시민문화연구소에서 연구하고 있다. 한국사회를 포함한 인류사회의 '근대적 전환'에서부터 '문명 전환'으로 연구주제와 관심을 확장해 가고 있다. 한국사회를 '종교'와 '공동체', '관계'를 키워드로 설명하고자 하며, 최근에는 좋은 공동체와 좋은 관계, 좋은 삶을 주제로 공부하고 관련 논문을 작성하고 있다.

주요 논저
학위논문은 "한국 가족중심주의의 역사적 기원: 조선후기와 근대전환기 생활양식을중심으로" (2013, 사회학 박사학위논문), "노인장기요양시설의 임종 돌봄 서비스에대한 질적 사례연구" (2020, 사회복지학 박사학위논문)이며, 저서로는 현대사회와베버 패러다임(공저), 현대사회의 위기와 동양사회사상(공저) 등이 있고, 논문으로는 "포스트-코로나, 사회적 삼재팔난의 시기 불교의 역할 찾기 : 공공불교를 제안하며"(<선학> 2021), "불평등과 양극화 시대에 생각하는 다산 정약용의 사회이론: '위민'과 '토지개혁론'을 중심으로"<한국학논집> 2018)', "공동체의 위기와 복원에 관한 탐색적 연구 : 향촌공동체와 마을공동체를 중심으로"(<사회사상과 문화>2016), "공동체 모델로서 승가공동체의 적용 가능성에 대한 탐색적 고찰(<한국학논집> 2016)" 등이 있다.

dubiouslife@hanmail.net

노년의 편안한 임종을 관찰하다

초판인쇄 2021년 12월 16일
초판발행 2021년 12월 16일

지은이 이명호
펴낸이 채종준
펴낸곳 한국학술정보㈜
주소 경기도 파주시 회동길 230(문발동)
전화 031) 908-3181(대표)
팩스 031) 908-3189
홈페이지 http://ebook.kstudy.com
전자우편 출판사업부 publish@kstudy.com
등록 제일산-115호(2000. 6. 19)

ISBN 979-11-6801-242-4 93330